LETTRES

A

MADAME DE VINTIMILLE

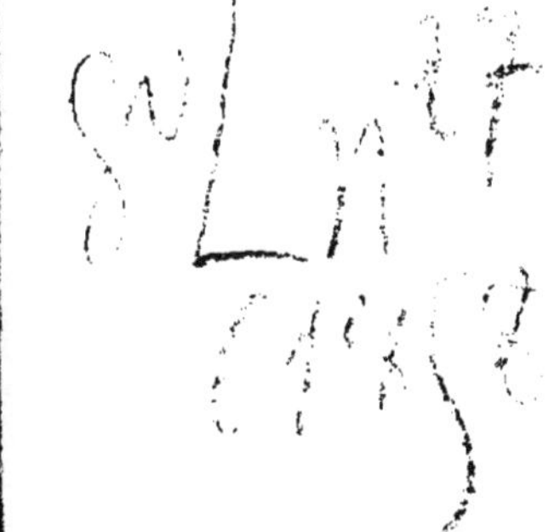

Cet ouvrage, le deuxième de la collection du Florilège Français, a été tiré à : trente exemplaires sur japon numérotés de I à XXX et mille exemplaires sur vélin de Rives numérotés de 1 à 1.000.

CET EXEMPLAIRE
PORTE LE N°

Madame de Vintimille

LE FLORILÈGE FRANÇAIS
publié sous la direction
de J.-L. VAUDOYER

JOUBERT

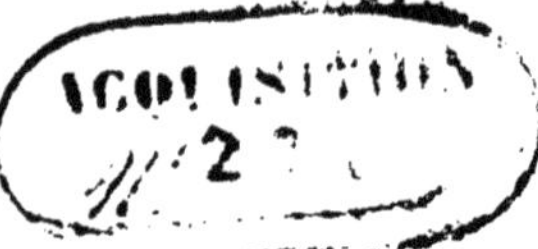

LETTRES

A

MADAME DE VINTIMILLE

PUBLIÉES

par

ANDRÉ BEAUNIER

AU MASQUE D'OR
DEVAMBEZ
23, rue Lavoisier
PARIS

PRÉFACE

PREFACE

LE 22 juillet 1802, un jeudi, dans une allée des Tuileries, se promenait une jolie dame au bras d'un écrivain récemment célèbre et qui portait avec un bel entrain sa jeune gloire. La jolie dame était Mme de Vintimille ; elle avait les cheveux châtains et les yeux bleus, une vive élégance de toilette et un air de raisonnable gaieté. M. de Chateaubriand, qui l'accompagnait, venait de publier le *Génie du Christianisme*, cinq tomes qu'on n'attendait pas beaucoup de lui : la précédente année, sa petite et rêveuse *Atala* enchantait les imaginations ; et Pauline de Beaumont disait que cette nouvelle poésie lui « jouait du clavecin sur toutes ses fibres ». L'apologie de la religion succède à ce « frémissement d'amour » et, en quelque sorte, le continue : pourtant, elle coïncide avec l'activité politique de Bonaparte et l'auteur consacre de magnificence imprévue les délices de la sensibilité alarmée.

Auprès de Mme de Vintimille, de l'autre côté, bien attentivement, se tenait et marchait un garçon mince et grand, d'aspect chétif, M. Joubert.

Ces trois personnes se connaissaient depuis peu. M. Joubert avait rencontré M. de Chateaubriand chez Fontanes ; puis il avait présenté à Mme de Beaumont l'auteur d'*Atala* qui, par Mme de Beaumont, fut présenté à Mme de Vintimille. Celle-ci et M. Joubert ne s'étaient vus d'abord qu'au mois de mai de cette année 1802.

Mme de Vintimille avait passé la prime jeunesse ; mais, à trente-neuf ans, elle gardait son charme et, pour ainsi dire, l'épanouissait dans l'heureuse tranquillité de la renaissance consulaire. M. de Chateaubriand n'avait pas tout à fait trente-quatre ans et il était déjà merveilleusement frivole. M. Joubert venait d'achever sa quarante-huitième année, au début de laquelle il inscrivait sur son carnet, le 8 mai 1801 : « Quarante-sept ans. *Fiat voluntas tua !* » Comme il était de petite santé, craintif et de corps habituellement las, il se crut de bonne heure très vieux ; mais il avait, avec l'esprit fort sage, le cœur imprudent et prime-sautier. « Levez-vous vite, orages désirés, qui devez emporter René dans les espaces d'une autre vie ! » s'écriait M. de Chateaubriand. De sa petite écriture dense, régulière et lente comme la pensée qui s'attarde à une longue méditation, M. Joubert, sans le dire à personne, inscrivait sur son carnet : « Levez-vous, passions domptées, désirs réprimés, péchés effacés par le repentir ; levez-vous et venez défendre... » Il s'arrêtait là ; et qui fallait-il défendre ? Lui peut-être, car il sentait grièvement les tumultes de son cœur chimérique.

M. Joubert était un homme qui, n'exerçant point un métier, semblait nonchalant ; mais il n'avait pas de loisir. Le remuement ne le tentait pas ; mais il ne cessait de songer à la nature des choses, à leur essence et aux rapports de leur apparence et de leur vérité. Il inventait de belles idées ; puis il les habillait de justes images. Après cela, il lui restait à indiquer, disait-il, « la disposition, l'attitude ou les mouvements de l'esprit en passant d'une idée à une autre ». Il ne voulait pas que les idées fussent liées comme les chaînons d'une chaîne ou comme des perles qu'on enfile, mais « comme les sons dans la musique ». Il rêvait d'une logique dont les lois fussent, en fin de compte, une harmonie. La difficulté d'accomplir ce chef-d'œuvre était son tourmentant plaisir et son désespoir.

Mme de Chastenay l'appelait « une âme qui a rencontré par hasard un corps et qui s'en tire comme elle peut ». Cette âme était charmante et, sans l'avoir voulu, originale. M. Joubert ne cherchait pas l'originalité. Il l'eût redoutée. Dans la chasse aux idées, il tenait pour bonnes celles qui se trouvaient conformes aux communes, et les autres seulement pour siennes. Il adoucissait d'ailleurs ses particularités par le scrupuleux souci d'être aimable et de plaire, sans fatuité aucune, mais pour le bonheur d'autrui.

Depuis neuf ans, il était marié. Or, environ six mois après son mariage, il écrivait à Mme de Fontanes, qui n'avait pas encore vu Mme Joubert : « Je lui connus du mérite et des agréments. Elle a perdu ses agréments, mais elle a gardé son mérite... » Et, comme souvent les hommes d'étude, il aimait extrêmement les femmes. Il ne les aimait pas en débauché ni en libertin, mais pour l'amusement subtil de regarder fleurir en elles et de joindre à leur beauté quelques-unes de ses pensées qui, sans elles, avaient une austérité parfois un peu revêche et qui, auprès d'elles, devenaient sentiments. La méditation vous relègue et vous cantonne ; vous êtes seul, avec une idéologie parfaite, qui vous tente à essayer au contact d'une autre âme, et féminine, à cause de la sensibilité des femmes, qui est si délicate et complaisante. Au surplus, si la philosophie de M. Joubert le menait à aimer les femmes, peut-être aussi les aurait-il aimées sans qu'intervînt cette philosophie autrement que pour nuancer, pour compliquer et embellir le zèle qu'il leur accordait. Il ne leur demandait pas les dernières faveurs ni les privautés coupables ; mais, avec beaucoup de réserve, il obtenait de l'amitié les émois de l'amour.

Il avait passionnément aimé Pauline de Beaumont. Et il l'aimait encore après que Chateaubriand lui était devenu un rival effronté, victorieux trop vite. Il avait souffert de cette aventure où, sans le trahir, sa bien-aimée le décevait pourtant. Il avait su éluder les révoltes vulgaires de la jalousie, épurer son regret, le rendre digne de son âme et préserver sa tendresse fidèle. Il excellait à ces travaux de spiritualité exquise.

Et le voici auprès de Mme de Vintimille, ce jour de bel été. M. de Chateaubriand sait parler aux femmes : et quelle femme ne serait touchée de son éloquence, qui est une poésie animée ? Mme de Vintimille écoute aussi M. Joubert qui, avec son accent à peine un peu méridional, dit de jolies choses et prête à son badinage une grâce pensive.

M. Joubert a vu Mme de Vintimille pour la première fois, et probablement rue Neuve-de-Luxembourg, chez Mme de Beaumont, le 6 mai. Il arrivait à Paris, venant de Villeneuve en Bourgogne, où il avait passé l'hiver à lire la *Politique* d'Aristote et sa *Poétique*, un tome de Descartes, le quatrième livre de Locke, les *Nouveaux Essais* de Leibniz. Et, si vous dites que les livres sont « bientôt lus », ils ne sont pas « bientôt entendus ». M. Joubert a une façon de lire qui accouche les pages et leur fait produire de nouvelles pensées. Après qu'il a lu, il note la naissance des pensées. Mais, le 6 mai qu'il a vu Mme de Vintimille pour la première fois, il inscrit seulement sur son carnet la date et puis, de son crayon, dessine des étoiles comme il y en a dans le ciel où vont nos rêveries. C'est le premier témoignage du trouble que la rencontre de cette jeune femme lui a procuré. Le 25 mai, il l'a revue. Il note une pensée d'elle ; on parlait des Grecs et elle a dit que Dieu, « ne pouvant pas leur départir la vérité, leur donna la poésie ». Peut-être a-t-il le soin d'arranger les mots : il ne s'en aperçoit pas et admire que les mots soient dignes de la pensée. Quatre jours plus tôt, il notait : « J'ai l'esprit et le caractère frileux ; la température de l'indulgence la plus douce m'est nécessaire. » Sans doute avait-il trouvé auprès de Mme de Vintimille cette douceur indulgente et la température où l'amitié peut éclore. Le 23 juin, sur le carnet, ceci. « O ! L—V—. » Ce sont les initiales de Mme de Vintimille et dont elle signait habituellement ses lettres quand elle n'écrivait pas tout au long « Lalive-Vintimille », réunissant le nom de son père et le nom de son époux. Comme elle s'appelait Louise, il est possible aussi que l'invocation de Joubert fût à son petit nom puis à l'autre. Joubert la revit le 27 ; et, ce jour-là, elle était « mal coëffée » : l'aima-t-il moins de cette manière ? Il la revit le 28, le 29 et le 30 : à chacune de ces dates, il inscrivit sur son carnet les deux initiales discrètes et, pour lui, délicieusement commémoratives. Il la revit le lundi 5 juillet ; et elle raconta une anecdote où interviennent l'évêque de Rennes, un curé de son diocèse et un fermier. Mme de Vintimille était gaie : Joubert aimait qu'elle le fût et eût aimé qu'elle ne le fût pas.

Comment naît une tendresse ? On ne le sait pas. Celui-là même en qui elle naît ne le sait pas si bien qu'il pût le dire exactement. Il y a de la soudaineté, de la lenteur, et la révélation retarde quelquefois sur la réalité. L'on n'aperçoit que des indices dont la signification n'est pas immédiatement claire. Ces indices ressemblent aux petites notes que prend Joubert et qui montrent qu'il avait l'âme en éveil. Joubert sut, le 6 mai, que Mme de Vintimille l'aguichait et sut bientôt que chacune de ses rencontres l'enchantait. Mais il ne sut que le 22 juillet, durant sa promenade aux Tuileries, qu'elle était et serait pour lui l'objet d'un véritable amour.

Faut-il dire, un amour ? C'est un mot qui ne suffit pas à lui tout seul, de même qu'en disant « une âme » on ne la définit pas. Il y a des âmes de toutes sortes : et leurs amours dépendent d'elles, dépendent d'une et de l'autre et de l'idée qu'une a de l'autre. Mais, l'enthousiasme de l'amour et sa ferveur, Joubert les ressentit avec un étonnement charmé. Quels furent les incidents de cette journée ? et quelle fut la causerie ? Chateaubriand, qui était là, n'en a rien dit : sans doute ne s'est-il aperçu de rien. Sur son carnet, Joubert n'a rien noté : il n'avait besoin de nul aide-mémoire pour un tel jour. Mais, quinze ans plus tard, écrivant à Mme de Vintimille, ce jour de la promenade aux Tuileries, il l'appelle « le jour où j'ai le mieux connu le bonheur qu'on trouve à vous voir ». Il atténue évidemment l'expression d'un sentiment qui lui est bien cher et qui n'a pas diminué d'intensité ni de douceur, mais que celle qui l'a inspiré doit deviner à demi-mot. Toujours est-il que soudain Joubert laisse Mme de Vintimille au bras de Chateaubriand, s'éloigne et, à l'une de ces marchandes qu'il y a dans le jardin des Tuileries, achète un beau bouquet de tubéreuses, qui sont des fleurs qui ont un joli nom, la blancheur la plus parfaite et une odeur durable. Ce beau bouquet de tubéreuses, il l'apporte bien vite, et avec un empressement qui supprime sa timidité, à Mme de Vintimille, un peu surprise et contente.

Le 22 juillet est le jour de la Sainte-Madeleine, sainte plus touchante qu'une autre par ses repentirs d'amour. Le jour de la Sainte-Madeleine resta, pour Joubert, un jour consacré, un jour embaumé du souvenir de Mme de Vintimille et de l'odeur des tubéreuses. Tous les ans, à la même date et à la même heure d'après-midi, Joubert célébrait l'anniversaire de son enchantement. Il écrivait à Mme de Vintimille, pour l'assurer de sa fidèle pensée et pour l'avertir de n'être pas oublieuse. Il ne lui donnait pas de tubéreuses ; mais il en donnait à lui-même. Il en faisait apporter dans sa chambre et, au milieu du parfum mémorable, il se souvenait. Cela, tous les ans, jusqu'au dernier mois de juillet qu'il vécut et qui fut l'année qui précéda celle de sa mort, car il mourut au mois de mai. Il n'admettait, ce jour-là, de chagrin que si le retard de la saison l'empêchait de se procurer ses tubéreuses. Depuis la Sainte-Madeleine de l'année 1802, sa vie fut embaumée de Mme de Vintimille.

Le 26 juillet, il note sur son carnet qu'il a eu un songe et qu'il y a vu Mme de Vintimille. Il note, le 1er août, que Mme de Vintimille « a le silence franc, c'est-à-dire... » Il n'écrit pas ce que c'est à dire ; mais il le sait. Or, il était grand amateur de silence ; il a goûté les « délices du silence » et il a écrit : « Il faut que les pensées naissent de l'âme, et les paroles du silence. » Il aimait « un silence attentif ».

Est-ce à cause de Mme de Vintimille ? — et sans doute il serait aventureux de le dire ; — mais, contre

son habitude et parce que la vie, cette année-là, lui
était agréable à Paris, il ne retourna point à Villeneuve pour l'hiver. Il allait beaucoup chez Mme de
Beaumont : la « petite société » l'accueillait amica-
lement.

Si l'on veut savoir comme l'occupait la présence
ou la pensée de Mme de Vintimille, qu'on lise ou
qu'on regarde seulement ses carnets de cette époque.
Le lundi 26 septembre, il n'a pas écrit une ligne ;
mais il a dessiné joliment et enlacé les initiales bien-
aimées, l'L et le V de Louise de Vintimille. Le
13 février 1803, il expliquait à Mme de Vintimille
comment et pourquoi l'on peut dire que « Dieu
s'est fait lui-même ». C'est une manière imparfaite
d'affirmer l' « incréation » divine : imparfaite, mais
« conforme à la faiblesse de notre esprit, à qui ces
expressions donnent à la fois une idée du commencement » et une idée de l'éternité pourtant ; « il y a,
dans cette manière de parler, ce qui convient à nous
et ce qui convient à la vérité ». Voilà comment on
peut dire que Dieu s'est fait lui-même ; « j'aime
mieux le prendre tout fait ! » répondit Mme de
Vintimille. Et Joubert s'amusait d'une promptitude
qui supprimait le long travail de la dialectique. Le
4 avril, comme il essaye d'apprécier le talent de
l'abbé Delille, dont le poème de *la Pitié* venait de
paraître et de faire beaucoup de bruit, le voici loin
de son amour ; mais il écrit : « L'abbé Delille. Cela
n'est pas haut en couleur, mais il y a un bon teint.
La poésie s'y trouve comme le sang dans les bras de

Mme de Vintimille. » Cette comparaison, fort imprévue, Joubert l'a empruntée à sa rêverie du moment, que charmaient deux bras blancs et d'une peau assez fine pour qu'y transparût l'animation du sang.

Les semaines que Joubert s'éprenait de Mme de Vintimille, au mois de mai 1802, elle retrouvait son mari qu'elle n'avait pas vu depuis plus de dix ans. M. de Vintimille avait émigré en 1791 ; il était allé dans les Flandres, puis en Allemagne, puis en Hollande et, lorsque les armées républicaines envahirent la Hollande, il gagna l'Angleterre, où il vécut dans une société malheureuse de Français qui n'avaient plus de patrie habitable. Mme de Vintimille n'a point émigré. Cependant elle fut portée sur le cinquième supplément de la dangereuse liste. Elle prouva que c'était une erreur, et due au fait que son mari fût notoirement sorti de France. Elle établit que, l'été de l'an V, le ministre des finances lui communiquait un arrêté du bureau des domaines qui lui rendait sa bibliothèque et des tableaux ; et que, durant l'hiver de l'an VI, les autorités de la République lui décernaient un certificat régulier qui lui permit de toucher certains arrérages de rentes ; et que trois témoins — en voulez-vous neuf? elle les a — confirmaient que, depuis l'an Ier de la République, elle avait constamment résidé en France et à Paris. Moyennant quoi, on voulut bien la considérer comme « femme républicole d'émigré », titre un peu rude, mais qui lui valut sa très utile radiation dès le 28 vendémiaire an IX ; c'est le 19 octobre 1800.

Au mois de mai 1802, le ci-devant vicomte de Vintimille, que rassure la loi portée en faveur des émigrés, revient en France et tout de suite à Paris ; le 14 mai, il se présente aux autorités et fait, en bonne et due forme, sa soumission. Il demande l'amnistie et ne formule aucune réclamation d'aucune sorte ; il ne prétend pas même rechercher « les débris de sa fortune ». Il s'attend que l'affaire ne rencontre pas de difficultés, car il n'a point porté les armes contre la France et n'a reçu des souverains étrangers ni traitement ni récompense. Le chef de brigade Lacuée, aide de camp du Premier Consul, écrit pour lui lettre sur lettre au citoyen Grand Juge, affirmant qu'il est un homme d'âge, « d'une moralité reconnue » et qui ne désire « que de finir tranquillement ses jours au sein de sa famille ». L'affaire traîna de longues années. Il fallut que le duc de Feltre, ministre de la guerre, s'en mêlât très activement et garantît que M. de Vintimille était un excellent sujet, soumis aux lois, attaché au gouvernement. Le duc d'Otrante rédigea un rapport et le soumit à l'Empereur qui ne se hâta point de répondre. M. de Vintimille n'obtint le bénéfice de l'amnistie qu'en 1811 et quand il avait passé soixante-et-onze ans.

Il était né à Marseille en 1740 et avait, en somme, vingt-trois ans de plus que sa femme. Leur mariage datait du mois de décembre 1780. Le roi, la reine, Monsieur, Madame, le comte et la comtesse d'Artois, le duc d'Angoulême, Mme Elisabeth, Mmes Adélaïde, Victoire et Sophie avaient signé le contrat ; la *Gazette de France* avait annoncé ce beau mariage.

C'est que Jean-Baptiste Joseph Hubert de Vintimille, fils de Gaspard François-Joseph et de Françoise de Raousset Raoulx de la Croix, appartenait à la très illustre famille des comtes de Marseille. Son frère aîné, le comte de Vintimille, maréchal des camps et armées du roi, était chevalier d'honneur de Mme la comtesse d'Artois. Il avait aussi un frère plus jeune, le brillant abbé de Vintimille, aumônier du roi et qui devint évêque de Carcassonne. Il était, lui, chevalier non profès de Saint-Jean de Jérusalem et capitaine des vaisseaux du roi. En 1811, quand il s'adresse au duc de Rovigo pour obtenir « de n'être plus un étranger dans son pays après l'avoir servi cinquante ans », il compte large. En tout cas, son activité de marin n'a pas laissé beaucoup de traces. Il était, en 1774, lieutenant de vaisseau ; il commandait à ce titre la corvette *la Sardine* : il escorta jusqu'au port de Smyrne deux bâtiments de commerce et, dans le mouillage de saint Georges de Syra, détruisit un forban. L'année suivante, il commande *le Caméléon*. Quelques années plus tard, son vaisseau s'appelle *le Réfléchi* ; et il commande la compagnie de MM. les gardes de la marine à Toulon. Lors de son mariage, il a sa résidence à Toulon ; mais il demeure plus véritablement à Paris chez son frère le comte de Vintimille. Après son mariage, il paraît avoir quitté Paris de moins en moins. Cependant, il devint chef de division des vaisseaux du roi et chevalier de Saint-

Louis. La Révolution l'empêcha de parvenir à de plus hauts grades.

La jeune fille qu'il épousait, à quarante ans passés, n'avait que dix-sept ans. Louise Joséphine Angélique de Lalive était fille aînée de l'aimable et sensible Ange Laurent de Lalive, dit Lalive de Jully, le frère de M. d'Epinay et de Mme d'Houdetot. Il avait été introducteur des ambassadeurs, grâce aux bons soins de Mme de Pompadour. Il aimait les beaux-arts, jusqu'à devenir honoraire amateur de l'Académie de peinture. Il gravait et l'on connaît de lui une centaine de planches : il possédait l'un des plus beaux cabinets de l'époque. Il avait d'abord épousé une frivole demoiselle Chambon, plus jolie que fidèle et qui mourut après trois ans de mariage. Il la regretta plus encore qu'il ne l'avait aimée : l'on crut qu'il perdrait la raison. Dix ans plus tard, il se remaria. Il épousa Mlle de Nettine, une Flamande, fille du banquier de la cour de Vienne à Bruxelles, et qui était moins jolie que la petite Chambon, mais beaucoup mieux attachée à ses devoirs. Le premier enfant de ce mariage, fut Louise Joséphine Angélique. Par sa mère, elle était nièce de M. de Laborde, le très opulent châtelain de Méréville. Voilà ses parentés avec la finance et la philosophie. Elle apporta une fortune à son époux ; mais son époux lui donnait un des beaux noms de France.

Ce que l'on sait de sa jeunesse est qu'elle était « vive jusqu'à l'impétuosité, piquante de caractère comme de figure, spirituelle jusqu'à l'originalité, aimait ardemment le plaisir et la parure ». Au Marais, chez sa tante de la Briche, où Frénilly l'a rencontrée, elle avait plus d'entrain que personne. Un miroir d'eau bordé de peupliers était le plus bel endroit de ce domaine. Les visiteurs nouveaux en devaient éprouver la surprise : Mme de Vintimille leur bandait les yeux, les menait par la main, les faisait asseoir sur un banc ; puis elle leur rendait la vue et riait de leur étonnement. Au Marais, Mme de la Briche, le soir, chantait de malignes romances : les vers étaient de Florian, la musique d'elle. On jouait des comédies et des Arlequins de Florian. Mme de Vintimille y avait grand succès. Et l'on faisait mille folies auxquelles participait Mme de Vintimille. Quand Mlle de la Briche épousa M. Molé, cette demoiselle de la Briche était une personne assez froide ; il parut que ses fiançailles l'animaient un peu, mais bien peu, au jugement de Mme de Vintimille, qui écrivit à son amie Mme Pastoret : « Elle est heureuse à sa manière ; il serait injuste à nous d'exiger qu'elle le fût à la nôtre. » La manière de Mme de Vintimille était plus vive.

A l'époque où elle rencontra Joubert, elle avait un gracieux enjouement. Vers la fin de sa vie, elle devint compassée, morose. Entre sa gaieté première et sa dernière mélancolie, elle dut réunir joliment ces deux qualités.

Chateaubriand dit qu'elle fréquentait le monde, tandis que la petite société de la rue Neuve-de-Luxembourg affichait de la sauvagerie. Mme de

Beaumont que la Terreur avait si atrocement éprou-
vée, Chateaubriand qui revenait de son dur exil
anglais, Joubert qui était casanier, le monde ne les
tentait pas et plutôt leur faisait peur. La Révolution
n'avait pas atteint Mme de Vintimille : ses malheurs
n'étaient que d'argent : et elle restait assez riche.
Chateaubriand l'a vue prendre, à la barrière d'Enfer,
« une méchante voiture de louage » pour aller chez
Mme de la Briche ; et Frénilly l'a vue arriver au
Marais, où jadis elle entrait à six chevaux, tout
bonnement par la diligence d'Arpajon : mais enfin le
Marais gardait un luxe magnifique et la « misère »
de Mme de Vintimille était encore de la fortune. A
ses amis de la rue Neuve-de-Luxembourg, elle appor-
tait les nouvelles des salons : elle racontait, avec une
bonne raillerie, les petits scandales, dont les sauvages
se divertissaient.

Elle semblait futile. Or, elle n'était pas analogue à
cette apparence. J'ai retrouvé une série de lettres
qu'elle adressait alors à sa très chère amie Mme Pastoret : l'âme qui s'y révèle ne ressemble guère à ce
que cette âme voulait bien montrer d'elle-même.

De quatre ans plus jeune, Adélaïde Piscatory,
dame Pastoret, qui s'était mariée à sept heures du
matin le jour de la prise de la Bastille, avait de
l'esprit. Certaines gens ne la rencontraient pas encore
avec un plaisir sans mélange, parce qu'ils oubliaient
moins vite qu'elle les complaisances qu'elle avait eues
pour les philosophes et les révolutionnaires. Au temps
des premiers troubles, elle recevait à dîner le citoyen

ci-devant marquis de Condorcet qui arrivait en costume de garde national, sans épée, son parapluie sous le bras... Elle conserva longtemps, malgré elle, des principes et des manies qu'elle tenait de son passé : pour avoir lu *Émile* passionnément, elle laissait son petit garçon de quatre ans faire mille gambades, tout nu, dans le salon, parmi les dames. Mais elle avait un joli son de voix, de la fantaisie. Et Mme de Vintimille eut pour elle une véritable tendresse.

Mme de Vintimille écrit à Mme Pastoret : « Songez que vous êtes la seule personne dans l'univers qui m'ayez bien comprise... Je suis une si triste chose !... Je rouvre ma lettre parce que je reçois dans l'instant la vôtre... Moi, vous oublier ? Eh ! mon Dieu, et vous aussi, allez-vous ne pas me connaître ?... » Elle veut à chaque instant des nouvelles de son amie : « Voilà l'inconvénient d'aimer des gens qui n'ont jamais été heureux : ils ont l'amitié inquiète, *un songe, un rien, tout leur fait peur...* » Elle dit que sa « pauvre tête » la tourmente : elle emploie tout son courage à éloigner une invincible tristesse et jure que, si jamais elle en est abattue, ses amis devront savoir que ce n'est pas sa faute : « Voyez si je vous aime pour vous entretenir ainsi de toutes mes misères. Je les garde pour moi ; je n'ai parlé qu'à vous de cette triste idée et, une fois, à M. J... qui est si compatissant pour ses amies... » On voudrait que ce M. J... fût M. Joubert : je crois que c'est M. Julien... « Je suis avare d'une telle confidence ; vous le comprendrez, vous qui les méritez si bien toutes ! » Un autre jour : « Soyez indulgente pour un corps souffrant, pour un cœur qui l'est souvent d'autant plus qu'il n'en sort que ce qui déborde. » Elle était si douloureusement alarmée qu'elle désirait de vieillir. Mme Pastoret lui avait promis de l'avoir chez elle à demeure, plus tard, et quand donc ? « Ah ! mon Dieu, que nous serons de gentilles petites vieilles ! » Cette jeune femme qui, en dépit de son air gai, attend avec impatience de n'être plus jeune, Chateaubriand qui l'a vue ne l'a point devinée.

Quel était son chagrin ? Son vieux mari ne la divertissait pas, semble-t-il : et il se trouve que la mélancolie dont elle fait l'aveu à Mme Pastoret coïncide avec le retour de cet émigré.

Pourtant, les contemporains de M. de Vintimille ont fait de lui d'agréables portraits. Norvins lui attribue « beaucoup d'esprit »; plusieurs de ses bons mots étaient fameux. Frénilly vante « sa bonhomie sardonique et son flegme divertissant ». Il plaisantait fort bien sans rire, se moquait sans blesser sa victime. Et il ne savait rien, sinon se passer de savoir; « aimable conteur, d'un ton parfait, un véritable homme de cour ». Il était si attentif auprès des plus jolies femmes qu'elles s'en amusaient; et, un jour, l'une d'elles eut l'idée de le faire dîner, seul d'homme, avec toutes ces coquettes. Il fut averti et vint déguisé en sultan, s'étendit sur un canapé, fumant sa pipe à l'orientale. On le trouva « parfaitement aimable ». C'est Elzéar de Sabran qui l'écrit à Mme de Staël; il ajoute que les coquettes n'avaient

d'autre projet que de rire, « fort heureusement »
pour lui, car « on le dit très peu porté pour les
femmes ». Norvins dit aussi que M. de Vintimille
« s'inquiétait fort peu de postérité ». Et Frénilly
prétend la même chose. Toute jeune mariée, naïve et
que son mari n'avait pas instruite, Mme de Vintimille
disait à ses amies qu'elle se croyait grosse. Derrière
elle, son grand et sec mari faisait du doigt signe que
non ; car il le savait bien.

La mélancolie de Mme de Vintimille avait peut-
être d'autres causes : on n'est jamais sûr de découvrir
tous les secrets d'une âme triste ; mais on aperçoit
dans ses lettres un vif et perpétuel chagrin de maternité manquée. Elle écrit au fils de son amie : « Moi
qui éprouve quelque chose de maternel pour les
enfants de mes amies... » Une autre fois : « Il y a
toujours un peu de maternité pour moi dans les sentiments qui m'attachent à ceux que j'ai vus naître... »
En 1816, Amédée de Pastoret eut un fils ; elle lui
écrivit : « Vous savez que je reçois toujours le bonheur de mes amis en dédommagement de celui qui
m'a manqué : je vous laisse à penser comme je reçois
le vôtre... » Cet enfant mourut en bas âge : elle
écrivit à Mme Amédée de Pastoret : « Je n'ai osé
encore ni vous écrire ni m'approcher de vous,
madame ; j'ai craint que vous ne voulussiez être
entourée que de cœurs maternels et vous n'aurez pas
pris le change sur ma discrétion... » Cette discrétion
frémissante est l'aveu d'une inconsolable douleur.
Enfin, Mme de Vintimille n'avait ni enfants ni mari.

C'est le chagrin qu'elle dissimulait sous l'apparence de sa gaieté.

Est-ce que Joubert l'a su? Je ne le crois pas. Elle n'a fait de confidence qu'à Mme Pastoret; puis, un jour, à M. Julien. Ce M. Julien, c'était un intelligent financier, de bonne compagnie et qui savait conter une anecdote. Est-ce là le confident que l'on choisit? Mais oui, précisément. Il se contente de ce que vous lui dites, ne cherche pas plus avant. Un Joubert, si discret que vous l'imaginiez, devinera plus que vous ne voudriez. Aux lettres que Joubert écrit à Mme de Vintimille, on n'aperçoit aucune trace d'une confidence qu'il ait reçue : et ces lettres étaient gaies, pour amuser une personne gaie.

Ce qu'on voyait de Mme de Vintimille était quelque frivolité mondaine; puis le caractère d'une très honnête femme: et, là-dessus, l'on n'avait aucun doute. Elle lut, à leur apparition, deux ans après son mariage, les *Liaisons dangereuses* et, arrivée à cette lettre de Valmont que la défaite de Mme de Tourzel excite à s'écrier : « La voilà donc vaincue, cette femme superbe qui avait osé croire qu'elle pourrait me résister! » elle jeta le livre et se dit : « Quoi! je donnerais à un homme le droit de parler ainsi de moi? Non, jamais aucun de ces messieurs ne pourra se vanter de ma conquête! » Elle le racontait et ajoutait : « Je me suis tenu parole. » Les livres, comme les donneurs de conseils, ne nous persuadent que suivant nos goûts et nos propos délibérés. La réaction que cette jeune femme éprouve à connaître

que les amants sont vaniteux atteste sa fierté naturelle et un instinct qui vaudra, pour la défendre,
l'amour que lui aurait inspiré un mari.

Très sûre d'elle et de la confiance que son mari a
bien raison de lui accorder, elle n'a point de gêne
dans les entournures. Elle est souvent dehors; et le
jeune M. Pasquier l'accompagne. Chez Mme de
Rémusat, chez les diverses « madames » à qui
Chateaubriand fait la cour, et bientôt chez les
Chateaubriand, soit en visite ou à dîner, elle a très
habituellement auprès d'elle M. Pasquier. On les
invite ensemble, même si le vieux Vintimille ne vient
pas.

Elle demeure rue de Cerutti. Elle reçoit volontiers : on la trouve généralement vers la fin de la
journée dans le cabinet de livres où elle a rangé la
bibliothèque de son père, augmentée de livres nouveaux, qu'elle sait lire et qu'elle annote selon l'usage
de M. Joubert. Elle a une très tendre intimité avec sa
sœur d'un an plus jeune, Mme de Fezensac. Elle
aime aussi, elle aime surtout ses neveux qui, lors de
sa rencontre avec Joubert, ont dix-huit et seize ans.
Alphonse, le cadet, mourut au mois de mai 1803 :
elle en eut un extrême chagrin. « Cette pauvre
Mme de Vintimille qui a été si malheureuse... »
écrit à Joubert Chateaubriand qui est en voyage
pour Rome. L'aîné se maria jeune, eut un fils et deux
filles auprès desquelles leur grand'tante fut éperduement maternelle. Mme de Fezensac, sœur de Mme de
Vintimille, était pareillement une femme à peu près

sans mari : son mari, « grand seigneur s'il en fut, mais espèce d'ours féodal, vivait dans ses Pyrénées après lui avoir fait deux fils dont il la laissait disposer à Paris ». Elle était « la plus gracieuse et la plus douce des femmes ». Les méchants disaient que Mme de Vintimille « avait bien de l'esprit, mais n'était pas aimable » et que Mme de Fezensac « était bien aimable, mais n'avait pas d'esprit »; c'est ainsi que la malignité divise, pour l'atténuer, son admiration. Brifaut, qui a connu Mme de Vintimille, assure que, « sous des formes un peu rudes, » elle « cachait une exquise sensibilité ». Brifaut n'est pas niais; Joubert est beaucoup plus fin : Joubert a mieux vu ce que Brifaut put apercevoir. Ce qui l'enchanta, en Mme de Vintimille, fut de sentir que ses dehors cachaient un mystère; il n'est rien de plus charmant et, pour l'amitié comme pour l'amour, il n'est rien de plus aguichant que de savoir qu'on ne sait pas tout encore.

Au mois de mai 1802, Mme de Beaumont n'a plus que dix-huit mois à vivre. Chateaubriand qui est son amant, Joubert qui est son ami, tous deux, sans la délaisser, lui sont infidèles : Chateaubriand qui va se lancer dans une leste aventure avec Delphine de Custine, et Joubert qui s'éprend de Mme de Vintimille. Ce n'est pas la même infidélité : ce n'était pas non plus le même attachement; et Joubert n'avait pas le cœur futile.

Mme de Vintimille et Mme de Beaumont se voyaient beaucoup. Faut-il les appeler amies ? Du moins avaient-elles de la familiarité ensemble. Au mois de juillet 1803, Mme de Beaumont partit pour l'Auvergne : de là, elle partit pour Rome : elle n'en devait pas revenir. Pendant son voyage, elle écrit à Mme de Vintimille et, une fois, se plaint de n'avoir pas reçu de réponse. Joubert est inquiet de la voyageuse : elle est malade, elle écrit peu, les courriers ne vont pas vite. Et, si Mme de Vintimille a des nouvelles avant lui, elle les lui envoie. Le 23 août, par exemple, étant à Villeneuve, il s'en allait avec sa femme et quelques personnes de sa famille séjourner aux environs. Il montait dans la carriole et on lui remit une lettre de Mme de Vintimille : or, il attendait une lettre de Mme de Beaumont. Il n'ouvrit pas sans retard la lettre qu'on lui avait remise. Quand il l'ouvrit, il fut content : Mme de Vintimille lui disait que Mme de Beaumont s'ennuyait au Mont-Dore ; mais l'ennui est un signe de vie. « Je ne reverrai jamais son écriture, mande bientôt Joubert à Mme de Beaumont, sans un vif plaisir, non seulement à cause d'elle, mais encore à cause de vous et pour l'extrême soulagement qu'elle m'a fait dans cette circonstance mémorable. Je l'en remercierai demain et, je crois, par tous les courriers. » Mme de Vintimille, ce jour-là, ne compte qu'en modeste qualité de messagère.

Mme de Beaumont mourut à Rome le 4 novembre 1803. Mme de Vintimille écrivit à Chénedollé : « L'éternel souvenir de la malheureuse amie que je pleure ne me permettra jamais de voir avec indifférence ceux qui partageaient mes sentiments pour elle ;

et croyez bien que ce mutuel regret me donne un lien avec vous que rien ne rompra jamais... Quelle perte nous avons tous faite !... Je ne puis dire le chagrin que j'en ressens. C'est une plaie qui ne se fermera jamais ; l'idée de ne la plus revoir me poursuit sans cesse et il m'est doux de parler de cette peine à une personne qui, j'en suis sûre, sait m'entendre. » Voilà comme elle écrit ; les mots qu'elle a trouvés pour son chagrin ne sont pas très différents des mots ordinaires.

Joubert eut la douleur la plus vive, non point « extravagante », mais telle qu'il ne croyait pas qu'elle dût finir. Au mois de février 1804, il écrit à Chênedollé : « Depuis que j'ai perdu Mme de Beaumont, je ne vois plus à qui et avec qui je pourrai parler dans le monde. » Il est de bonne foi ; il ne songe pas et n'a point songé que Mme de Vintimille dût lui remplacer Mme de Beaumont. Cependant, il l'aime et ne le dissimule ni à lui-même ni à d'autres.

Il était en rapports fréquents avec le jeune Molé, qui le consultait sur la fabrication de ses *Essais de morale et de politique*. Molé, par son mariage, était cousin de Mme de Vintimille ; d'ailleurs, elle lui trouvait de la suffisance et du « tranchant ». Joubert ne détestait pas ces défauts, qu'il n'avait point assez ; il approuvait, en ce Molé, une austérité amusante à pareil âge et l'appelait son Caton de vingt ans. Soit que Molé fût au Marais ou Mme de Vintimille à Champlâtreux, il le chargeait de gentilles commissions pour elle : « Prenez bien soin de

Mme de Vintimille. Nous l'aimons jusqu'à vous la recommander. » Ce *nous*, c'est lui ; mais, au pluriel, le mot d'*aimer* s'atténue. Cette petite phrase est du mois de juillet qui précéda la mort de Mme de Beaumont. Le dernier jour du mois de février qui suivit cette mort, Joubert, qui écrit à Molé, ajoute ce *post-scriptum* : « Je ne sais si je dois attendre que Mme de Vintimille m'écrive, comme elle s'y est engagée, avant de lui répondre. Dites-lui que je lui demande son avis sur ce point et que je ferai ce qu'elle voudra. » Elle aima ce protocole de cérémonie : elle écrivit. Le 15 juillet, par Molé, elle reçut de Joubert « mille tendres souvenirs » ; le 27 septembre, « mille tendres assurances de [son] impatience de la revoir ». Au mois de novembre, Joubert est souffrant : le « travail de son estomac » lui ôte le sentiment, dit-il, et la pensée ; il n'a plus de sensibilité que pour s'apercevoir de sa faiblesse. « Ecrivez à Mme de Vintimille pour lui expliquer mon état... » Il aime qu'on le plaigne ; il sait que les femmes ont le goût de la compassion, qui leur éveille l'amitié.

Dans la pensée de Joubert, dans son perpétuel souci et dans sa rêverie, Mme de Vintimille peu à peu remplaçait Mme de Beaumont. Je crois qu'un jour il s'en aperçut, probablement avec émoi. Le 30 mars 1804, il écrit encore à Molé, vante l'ouvrage de cet apprenti penseur, puis se demande s'il est bien sûr de son jugement. Il faudrait l'avis d'une autre personne. Eh ! de qui ? Mme de Beaumont

n'est plus là, qui avait « une admirable intelligence »,
qui « entendait tout et se nourrissait de pensées ».
La rêverie le mène et il ajoute : « Elle était pour les
choses intellectuelles ce que Mme de Vintimille est
pour les choses morales ; l'une est excellente à consulter sur les actions, l'autre l'était à consulter sur
les idées. » Je crois que Joubert fut content d'avoir
trouvé l'analogie de ces deux femmes, dont il a aimé
l'une et aime l'autre ; leur analogie, et aussi leur
différence, afin que sa nouvelle prédilection ne fût
pas une offense pour le souvenir et afin de les écarter
presque pudiquement l'une de l'autre qui étaient si
proches dans sa ferveur.

Ce caractère de suprématie morale qu'il attribue à
Mme de Vintimille concorde avec ce que dit Chateaubriand, qui l'appelle « une femme d'autrefois
comme il en reste peu ». Elle était ainsi un peu
singulière, dans la petite société de la rue Neuve-de-
Luxembourg, où l'on prenait le ton nouveau. Une
Pauline de Beaumont, de bien des manières, est en
révolte contre l'ancienne façon d'être et de paraître.
Elle a de la désinvolture et, comme on dira, du
romantisme. Joubert, qui l'a tant aimée, note sur
son carnet, le 12 juillet 1803 : « Mme de Beaumont. Les sens en dehors. Rien de retiré en soi :
trop nue ! » Au mois d'octobre de la même année,
il écrit de Chateaubriand que cet extraordinaire garçon qu'il admire « a, pour ainsi dire, toutes ses
facultés en dehors et ne les tourne point en dedans ».
Chateaubriand et Pauline de Beaumont se ressem-

blent. Si la discrète jalousie de Joubert a pâti, c'est pour cela qu'il ose noter que cette jeune femme est trop nue. Réservée jusqu'à en être cachée, Mme de Vintimille ressemble à Joubert un peu comme, à Pauline de Beaumont, Chateaubriand.

Le 9 janvier 1805, Joubert était à Villeneuve et il écrivait à Molé : « Parlez-moi de Mme de Vintimille. Elle ne m'écrit point, ne me dit rien, et elle m'a oublié ou elle est plus malade. J'en suis inquiet. » Mme de Vintimille était distraite. Il était, lui, un peu malade ; et, comme il ne voulait écrire à Mme de Vintimille que très joliment, il attendait un bon jour. « Si je vis encore, j'écrirai à Mme de Vintimille après-demain », disait-il de jour en jour. Il se demandait s'il n'irait point à Paris consulter les médecins. Mais il ne bougeait pas : et, parmi les raisons qui le retenaient à Villeneuve, il y avait ceci : « le trop peu d'agrément que la présence d'un homme aussi mal disposé que je le suis causerait infailliblement à ceux que j'aimerais à voir dans des circonstances meilleures ».

Il partit de Villeneuve le 12 mai et fut à Paris le lendemain. Il revit ceux et celles qu'il aimait à voir. Comme il venait de la solitude, il s'amusa de retrouver le plaisir de la conversation, jeu où il faut avoir « beaucoup de cette espèce d'idées qui, pour être manifestées, ont besoin des yeux, du geste, de la voix, enfin d'une multitude de signes dont la parole écrite ne peut pas être accompagnée » ; un joli jeu : l'on y voit « l'âme en opération ». Il faisait des

visites et avait, pour n'y point manquer, la vertu la
meilleure : " Je vais où l'on me désire, pour le
moins aussi volontiers qu'où je me plais. " Cependant, il lui arrivait de céder à ses préférences : il dut
l'avouer à lui-même le 9 juin, dimanche de la Trinité.

Mme de Vintimille, ce printemps-là, était à Paris :
mais elle en sortait souvent pour aller voir, aux environs, les uns ou les autres. Elle allait à Sannois,
dîner, passer un jour ou deux, parfois avec M. Pasquier.

Le dimanche de la Trinité, Joubert se leva de
grand matin et fit " un ample déjeuner " comme
qui va se lancer dans une expédition. Puis, son frère
plus jeune, Arnaud, vint le chercher en voiture : et
ils partirent pour Champlâtreux, où Joubert " avait
juré " de dîner. Il y avait, à Champlâtreux, Molé :
Joubert ferait connaissance avec Mme Molé. Mais
" le ciel ne le voulut pas ". Il pleuvait depuis l'aube.
A Saint-Denis, tels furent les nuages que Joubert
assure qu'il en eut peur. Il s'avisa de renoncer à
Champlâtreux, qui était loin, et d'aller à Sannois,
qui n'était qu'à moitié chemin.

A Sannois demeurait Mme d'Houdetot. Et Molé
naguère l'avait désignée à Joubert comme " une
bonne vieille que vous auriez dû connaître : elle est
naïve et vous l'aimeriez ". Mme de Vintimille était
alors à Sannois : ce fut sans doute la raison, plus
que les nuages menaçants, pour quoi Joubert n'eut
pas l'entrain d'aller jusqu'à Champlâtreux ce jour-là.

Le voici dans la vallée de Montmorency, où il n'était jamais venu. Il croyait que les vallées étaient longues : il s'étonna de celle-ci, dont la rondeur lui parut joliment dessinée. A Sannois, « une certaine échappée de vue, ménagée avec art et simplicité devant les fenêtres d'une maison », l'engagent à supposer que c'est là que Mme d'Houdetot demeure. Arnaud mène son cheval à une auberge voisine, attache la bête, remise. Et les deux Joubert pénètrent dans la cour de la maison. Le petit-fils de Mme d'Houdetot, le comte Frédéric, les aperçoit et appelle Mme de Vintimille. Celle-ci les accueille et les fait entrer dans le salon. Joubert vit alors la vieille amante des quatre saisons.

Il écrit à Molé : « C'est, pour moi et pour beaucoup d'autres, comme vous savez, une personne historique, romantique et poétique... » Il n'en dit guère davantage : et c'est d'ailleurs le principal : ces vieilles amantes des hommes illustres sont de l'histoire qui se démode. Il déplore de n'avoir pas su d'avance qu'il verrait Mme d'Houdetot : il n'était pas préparé à ce plaisir : et, sans préparation, le plaisir le déconcerte. Mais on trouve, dans ses carnets des jours suivants, des bouts de phrases qui ont bien l'air de se rapporter à la dame de Sannois : « Enfin, je ne pus m'exprimer ce que j'éprouvai auprès d'elle qu'en me disant que je voyois en elle un aimant qui n'exerçoit plus d'attraction... Son magnétisme : un nuage qu'on auroit déflogistiqué... Jean-Jacques en a cueilli la fleur... » Saint-Lambert était mort depuis deux ans ;

M. d'Houdetot, n'avait pas moins de quatre-vingt-deux ans : on ne le montrait plus. A soixante-quinze ans, Mme d'Houdetot, dépareillée, restait aimable : et son heureuse philosophie l'aidait à porter presque légèrement sa lourde gloire d'un scandale qui, dans le passé, devenait anodin. « Nous ne quittâmes Sannois qu'à huit heures du soir et nous y eûmes un bel orage qui me mouilla. J'en serai un peu incommodé ; mais je vous assure que je ne m'en plaindrai pas. Cet orage me força à prendre le temps qu'il me fallait pour mettre dans ma tête les noms et les portraits de toutes les personnes de la maison : comme tout ce qui est Lalive, de près ou de loin jusqu'aux alliés au centième degré, est cher et sacré pour moi, tout ce monde m'intéresse. Mme de Vintimille et Mme de Fezensac se chargèrent de moi à table et prirent un tel soin de ma santé qu'il n'y eut pas un mets malsain dont elles ne se fissent un devoir de me faire manger. » Il fallut aussi goûter le ratafia de la vieille dame ; Joubert eut l'entrain de le trouver bon.

Joubert vit Mme de la Briche. Elle avait quarante-huit ans, ce qui n'est pas un grand âge : et, quand elle entra dans le salon, sans chapeau, sa figure était jeune, son sourire avait « l'âge de sa figure ». Mme de Vintimille, émerveillée de tant de fraîcheur, lui dit : « Ma tante La Briche, vous êtes aujourd'hui en beauté ! » Un peu plus tard, elle mit un chapeau « qui, en cachant la moitié de son visage, lui ôta la moitié de la jeunesse du matin et un bon tiers de l'air fleuri qu'avoient ses traits... Si j'avois seulement l'honneur d'être cousin de Mme de La Briche, je lui brûlerois son chapeau : ses cheveux gris sont plus jeunes que ces coiffes. Pardonnez-moi tous ces détails, mon cher ami : j'ai fait mon métier d'homme et de créature sociale en prenant garde hier à tout ce qui se passoit sous mes yeux et en me livrant tout entier aux plaisirs de cette journée... » Mais le voyage de Champlàtreux ? Il fut remis au dimanche suivant : Joubert et son frère devaient accompagner Mme de Vintimille et sa sœur et retrouver auprès du ménage Molé les Chateaubriand. Voilà les « grandes aventures » et les « témérités » que hasardait Joubert, contre son habitude et sa règle prudente, pour l'amour de Mme de Vintimille.

Il y avait en lui du stoïcien, car il croyait que notre sensibilité est possiblement sous la dépendance de notre volonté. Mais, à l'égard des intempéries, on le voyait pusillanime. Dans le seul portrait qu'on ait de lui, la cravate blanche à maints tours et le col à pointes droites qui l'engoncent ne lui suffisent pas : il a encore, à la nuque et sur les épaules, un gros cache-nez de laine qui retombe en torsade sur son étroite poitrine. Ce qui le rendait plus timide à la froidure est que, de bonne heure, il perdit le principal de ses cheveux. Au lendemain de la Révolution, quand il habitait Villeneuve près du château de Passy où Pauline de Beaumont s'était réfugiée, les hivers lui donnaient plus de tourment que naguère les comités d'énergumènes. Pauline de Beaumont se moquait du grand luxe de bonnets qu'il arborait à la seule pensée d'un rhume. Lui-même en riait volontiers ; mais il ne relâchait rien de ses précautions. En 1795, dans les premiers jours du printemps, si perfides avec leurs caprices de soleil et d'averses, il apprend que Pauline de Beaumont va partir. Quel tourment ! et que faire ?... « Dans l'extrémité où me réduit mon mécompte, je vais prendre un parti désespéré. J'ai des sabots et un bonnet bleu : je vais, si la raison ne me revient pas dans un quart d'heure, me coiffer de l'un, chausser les autres, et vous apparoître à Passy avec la mine du vicomte de Jodelet quand il sortit de maladie... » Et le voilà sur les routes, amical et drôle.

A Villeneuve, grâce à la simplicité rurale, tout s'arrangeait, avec des bonnets bleus ou blancs. Mais, à Paris ?... Le 16 thermidor an XIII, — dimanche 4 août 1805, — Mme de Vintimille, qui est à Méréville chez ses cousins de Laborde, écrit à Mme Pastoret : — et Joubert n'aime pas autant Mme Pastoret que Mme de Vintimille ; cependant, il l'aime : — « Nous avons une affaire commune dont il faut que je vous parle. M. Joubert a pris perruque ! Cette nouvelle m'a consternée. Il me l'a apprise avec tous les ménagements possibles, mais il ne m'a pas consolée. Dès la première vue, je lui avais trouvé une ressemblance avec Platon, sur laquelle ressemblance j'avais bâti mille chimères. Tout est renversé : quelque fonds que je fasse sur mon imagination, elle ne peut me représenter Platon en perruque. Vous l'avez vu sûrement depuis cette catastrophe : mandez-moi, je vous prie, l'effet qu'il vous a fait ! » Au moment d'achever sa lettre, elle ajoute : « Adieu : parlez de moi avec M. Joubert. » Pauvre Joubert, que le petit scandale mondain de sa perruque a dû troubler ! Je ne sais si Mme de Vintimille le taquina.

Le 19 septembre, il était retourné à Villeneuve, où les Chateaubriand vinrent passer deux ou trois semaines. Cependant, au Marais, Mme de La Briche avait auprès d'elle sa fille et son gendre et ces deux amies véritables Mmes de Vintimille et Pastoret. La jeune Mme Cottin, romancière oubliée maintenant, célèbre alors, venait de publier *Mathilde*, où l'on voit le prince arabe Malek-Adel prodigieusement épris d'une chrétienne et presque nonne. Au Marais, le soir, la jeune Mme Molé lisait *Mathilde* à l'assemblée. Mme Cottin était fort liée avec Mme Pastoret ; puis ses formidables imaginations plaisaient, en ce temps-là, aux personnes les plus tranquilles. On admira cette *Mathilde* avec une imprudence dont s'aperçut Mme de La Briche, bien qu'elle y participât. Pour être sûre de son admiration, Mme de La Briche écrivit à Joubert et lui demanda son avis. Joubert avait en horreur, en exécration ces romans-là. Il répondit à Mme de La Briche très obligeamment et ajouta : « Il m'est impossible d'imaginer Mme de Vintimille auprès de vous sans diriger de son côté, en vous parlant, un regard de soumission. Je crains d'être en disgrâce dans sa cour, en ce moment, et j'en suis bien humilié. Oserai-je vous supplier de lui dire, madame, que j'adorerai ses rigueurs et, s'il le faut, ses châtiments, comme j'adorai ses bienfaits ? Il serait bien digne de vous de solliciter mon pardon. » Quelle était sa faute ? Et lui-même le savait-il ? Si ce n'est que d'avoir pris perruque et de ne plus ressembler à Platon, sans doute paya-t-il trop cher le tort involontaire que l'on a quand on bouge un tant soit peu de l'idée qu'une gentille femme se fit de vous sans vous consulter.

L'avant-veille du jour qu'il écrivait à Mme de la Briche, il se promenait avec Chateaubriand dans la campagne ; il regardait les peupliers et il notait : « Je ressemble au peuplier. Cet arbre a toujours l'air d'être jeune, même quand il est vieux. » Il avait, Joubert, cinquante et un ans. Il était grand et mince. Il se croyait l'air jeune et croyait peut-être que sa chevelure nouvelle, comme au peuplier son feuillage, lui donnait un regain de bel automne à la Saint-Martin. Ce n'était pas l'avis de la gentille femme, qui au surplus ne le priait pas d'avoir l'air jeune, mais d'avoir l'air platonicien.

Joubert avait promis à Mme de La Briche de répondre « avec un vif empressement » et « autant qu'il lui serait possible » à ses « invitations aimables ». Il ajoutait : « M. de Chateaubriand se propose d'aller incessamment à Champlatreux. Il pourra vous dire, madame, de quelle assiduité à vos concerts nous avons formé le projet, dès nos premières promenades, et tout ce que notre sauvagerie se promet de votre complaisance et de votre hospitalité. » Les dimanches de Mme de La Briche était une « cohue brillante » où l'on allait pour son plaisir et parce qu'il y aurait eu comme du désordre à n'y point aller. Ces dimanches dataient d'avant la Révolution, qui ne les avait pas toujours interrompus : ils florirent assez bien sous le Consulat, merveilleusement sous l'Empire et, en 1819, M. de Barante les appelle « l'institution la plus solide et la plus régulière de la monarchie ». Mme de La Briche donnait de la musique, donnait à souper, donnait la compagnie élégante et à peine un peu mêlée qui amuse la société la meilleure. Est-ce que vraiment Joubert sera de ces cohues ? On le croit difficilement : et les jolies dames qui le connaissent en rient déjà. Elles racontent gaiement que M. Joubert a des projets de bals, de cercles et d'une dissipation que l'on avait négligé de prévoir. Une quinzaine de jours après avoir écrit à Mme de La Briche, il écrit à Mme Pastoret qu'en vérité, non, ce n'est pas cela et que Mme de Vinti-mille s'amuse à faire de lui une « caricature », à laquelle « bien des gens voudraient ressembler », mais qui ne lui ressemble pas. Il ne s'attend guère à être plus mondain que d'habitude, le prochain hiver, mais à rester au coin de son feu, « et à aller au coin du vôtre le plus souvent que je pourrai, si le temps me laisse sortir ». Il espère, dans ses matinées, « voir Mme de Vintimille plus assiduement que jamais ». Et, les concerts de Mme de La Briche, il a pris l'engagement d'y assister avec Chateaubriand, pourvu qu'on leur donne « un coin pour trois personnes derrière tous les sièges, ce qui ferait pour nous une loge grillée où nous aurions une place à donner ». Il regardera les visages et retiendra les noms, afin d'avoir de jolis souvenirs dans l'isolement de sa vie provinciale. Voilà tous ses plans de folâtrerie. Et l'on se moque ! Mme de Vintimille « a voulu s'amuser et a bien fait : mais vous, madame, faites mieux en prenant le parti d'un innocent persécuté ». Persécuté ? Oui, au bout du compte, sa caricature l'impatiente ; s'il ne le dit qu'à demi-mot, c'est gentillesse. Et pourtant il écrit : « Je m'enfermerai dans mon trou, si on continue à abuser de ma candeur. » Voilà l'ennui des jolies dames qu'on aime, et fût-ce un peu pour leur frivolité gracieuse : mais leur frivolité quelquefois vous importune et vous blesse.

Joubert revint à Paris le 7 septembre. S'il alla aux concerts de Mme de La Briche, on peut le croire en apercevant quelques remarques relatives à la musique dans ses carnets de l'hiver. Il revit Mme de Vintimille : et, un jour de mars 1806, ils ont parlé de Bossuet. Mme de Vintimille était une femme instruite et qui aimait la lecture. On n'ose dire, car ces choses-là sont rudes, qu'elle savait le latin : mais elle en avait appris les éléments pour les enseigner à son neveu ; elle en savait assez pour que Philibert Gueneau de Mussy ne craignît point de lui « expliquer » Virgile et Tacite, assez pour donner à Fontanes son avis sur des articles que, dans le *Journal de l'Empire*, Delalot consacrait à Cicéron. Joubert lui était reconnaissant d'être gaie et pourtant de juger avec sérieux les belles choses. Il disait, après avoir eu le bonheur de sa causerie, qu'il était avec elle en harmonie, comme à l'unisson, de sorte que leurs entretiens avaient pour lui la même douceur que le plus agréable concert. Je ne crois pas qu'il ait songé à elle en écrivant sur son carnet, le 3 juin : « Toutes les femmes aiment beaucoup les esprits qui habitent dans de jeunes corps et les âmes qui ont de beaux yeux. » Mais à qui songeait-il ?

Au mois de juillet, elle partit pour Méréville. C'est le moment où Chateaubriand partait pour son grand voyage de Terre Sainte, qui devait continuer par l'Espagne des Maures où l'attendait Nathalie de Noailles, née de Laborde et cousine de Mme de Vintimille. C'est aussi de ce moment que datent les premières lettres de Joubert que l'on ait conservées : elles sont impayables. Deux lettres de 1807 ont pareillement le ton de la plaisanterie. Et puis, pendant quatre ans, il n'y a plus de lettres : elles sont perdues.

Pendant ces quatre ans, Joubert a peut-être moins vu Mme de Vintimille, étant devenu, au mois de novembre 1808, inspecteur de l'Université impériale : il a pris son métier fort au sérieux ; il a fait avec le plus grand soin ses tournées, si bien qu'au mois de juin 1810, il est tombé malade à mourir. Ensuite, il est parti pour le Midi, non pas en convalescent, mais en fonctionnaire scrupuleux qui a des lycées, des collèges et des écoles à visiter. Or, il a, depuis des années, coutume de donner à Mme de Vintimille, pour ses étrennes, un livre qu'il a choisi très attentivement. Le 4 janvier 1811, il lui envoie d'Aix en Provence l'*Explication des cérémonies de la Fête-Dieu en Provence*, un petit volume daté de 1777. L'auteur est un Aquisextain du nom de Gaspard Grégoire; et son fils Paul a dessiné les figures, son fils Gaspard les a gravées. Sur la page de titre, on lit : « A Madame de Vintimille, J. s. ph Joubert, 4 janvier 1811, à Aix. » L'hiver suivant, il est à Villeneuve et, pour les étrennes de 1812, il envoie les *Pensées de Descartes sur la religion et la morale*, tout récemment recueillies par l'abbé Emery. C'est un énorme in-octavo sans beauté, relié en veau : le contenu vaut mieux que le contenant, à l'inverse du volume de Grégoire, qui était habillé de maroquin rouge et les tranches dorées. Sur le feuillet de garde, Joubert a écrit au crayon : « A madame de Vintimille, J. s. ph Joubert, 29 décembre 1811. » C'est dommage que les lettres qui devaient accompagner ces cadeaux aient disparu.

Que devenait Mme de Vintimille? Nous la perdons un peu. Au mois de janvier 1811, elle conduit Chateaubriand, qui est candidat à l'Académie, chez l'abbé Morellet, vieil ami de Mme d'Houdetot, de Mme de La Briche et de tous les Lalive. A quatre-vingt-cinq ans, ce bonhomme restait fantasque et incommode. Il était assis dans un fauteuil devant son feu. Il dormait et avait laissé choir son livre, hélas! un tome de l'*Itinéraire*. Son domestique annonça M. de Chateaubriand. Morellet, réveillé en sursaut, s'écria qu'il y avait des longueurs. Il promit sa voix cependant : et, si ce ne fut pour l'auteur du long *Itinéraire*, ce fut pour Mme de Vintimille. Elle devenait moins jeune : elle approchait de cinquante ans. Chênedollé, qui l'a vue au mois de juin 1809, dit qu'elle avait l'air « d'un gros chat angora qui médite un coup de griffe ». Mais ce Chênedollé manquait habituellement de bienveillance : et les gros chats angoras sont beaux et charmants.

En 1812, entre Mme de Vintimille et Joubert, il y eut un commencement de brouillerie. Joubert avait été malade et avait dû garder la chambre six semaines. Mme de Vintimille négligea de l'aller voir et même ne prit pas de ses nouvelles. Comme il se fâcha, elle répondit par une « gentille petite lettre à nez retroussé »; elle lui dit : « Je me fâchais, vous vous fâchiez, défâchons-nous! » Il la gronda et fit la grosse voix qui dissimulait qu'il avait de la peine. Il en avait : et Mme de Chateaubriand, qui écrivait à Mme Joubert, n'oubliait pas de lui demander si M. Joubert était « raccommodé » avec son amie. Et lui, disait à son amie : « On gagne toujours quelque douceur ou quelque mot plaisant à être grondeur avec vous, tandis que la tendresse toute pure vous endort et vous embarrasse. » Il concluait : « Regardons-nous désormais comme des amis éternels, mais éternellement brouillés. » Le badinage n'est que pour elle, et non pour lui.

Toutes ces lettres sont charmantes : et l'on y aperçoit un sérieux qui se cache sous les dehors de quelque plaisanterie. En 1813, le ton change; ou, du moins, ce qui se cachait se montre : et c'est de la mélancolie, la gravité de la tendresse, une douceur qui sourit à peine.

Joubert, qui n'a pas soixante ans, se croit vieux : c'est quasiment l'être. Et il écrit, le 5 juillet de cette année 1813 : « Il faut recevoir avec bonne grâce les difformités que l'âge amène et qui vous envahissent. »

La terrible année 1814 lui apporta beaucoup d'ennuis et d'inquiétudes. Autour de lui, l'on s'agitait, parmi l'incertitude française. Mme de Vintimille s'agitait aussi et bousculait cette philosophie du repos qu'il avait toujours recommandée. Elle était plus que jamais « dans le monde »; et, cette année-là, le monde et la politique allaient ensemble. Elle avait des opinions monarchistes, sans qu'elle eût pour cela boudé l'Empire, étant amie de Pasquier, puis amie de Mme de Rémusat. D'ailleurs, elle était patriote et avait applaudi à la gloire dont l'empereur comblait la France. Mais elle détestait les Jacobins et, comme qui se souvenait de la Révolution, redoutait par-dessus tout un retour de la violence. Barante la taquinait à ce propos et l'accusait de pusillanimité quand elle accusait de jacobinisme quiconque penchait pour la liberté de la presse. Elle était, par sa sœur, liée avec l'abbé de Montesquiou. Et, quand les princes commencèrent de rentrer, Pasquier, préfet de police de l'Empire et qui préparait son évolution, la pria de les faire avertir par l'abbé d'un complot qu'il croyait que le duc de

Rovigo manigançait contre eux. Mme de Boigne parle aussi d'un déjeuner que donna Mme de Vintimille au sujet d'un certain M. de Liscourt, un imposteur et qui disait avoir reçu l'ordre impérial de faire, aux Invalides, sauter les poudres. Enfin Mme de Vintimille tournait au remuement, à cette époque où se confinait de plus en plus Joubert qui l'aimait et aimait l'intimité de la tendresse. Il était malade ; l'irritation de la poitrine lui faisait cracher un peu de sang. Puis l' « état de choses » le troublait. Tout le monde quittait Paris : il demeurait et n'était pas sûr de bien faire. Mme de Vintimille non plus ne s'éloignait pas ; mais il était de longues semaines sans la voir.

En 1817, Mme de Vintimille perdit son vieux mari de soixante-dix-sept ans. Depuis longtemps, M. de Vintimille ne voyait pas « une tombe s'ouvrir qu'il ne la crût prête à se refermer sur lui ». Son trépas ne se voit pas du tout dans les lettres de Joubert : je ne sais s'il se vit davantage dans l'existence de Mme de Vintimille.

Au mois de mars 1821, Joubert eut un grand chagrin : son ami Fontanes, frappé d'apoplexie, mourut le samedi 17 au matin. Ce garçon paraissait vigoureux autant que Joubert semblait chétif. Joubert note sur son carnet, le 21 : « La foiblesse qui conserve vaut mieux que la force qui détruit. » Les trois jours précédents, il n'a inscrit que la date et l'a fait suivre d'un point d'exclamation. Mme de Vintimille eut soin de lui écrire et, comme il n'était pas en train d'aller dehors, elle lui offrit de venir le voir.

Les jours que Joubert ne sortait pas, soit qu'il fût incommodé ou qu'il lui plût de se reposer davantage, il ne se levait qu'à la fin de l'après-midi. Et c'est ainsi qu'il recevait, dans sa ruelle, les plus belles dames et les duchesses de l'ancienne monarchie. Dès le temps de l'Université impériale, Mme de Chastenay, qui avait une faveur à demander, le trouva « établi dans son lit à peu près comme une femme en couches ». Il portait « un petit gilet ouaté et fait pour l'attitude » et « un grand bonnet de coton avec un beau ruban », ses tablettes à portée et des livres ; auprès de lui, M. de Fontanes en habit de sénateur. Hélas ! ce beau M. de Fontanes est mort. Pour recevoir la visite de Mme de Vintimille, on peut supposer que Joubert avait remplacé le gilet ouaté par son joli spencer de soie qu'il mettait dans les grandes occasions.

Il allait encore de temps en temps voir son amie. Mais il lui arrivait d'être si las qu'il parlait peu. Elle lui trouvait « l'air gêné, embarrassé, mal a l'aise ». Il était content ; il la regardait et il l'écoutait : seulement, il gardait le silence des vieux qui sont timides.

Joubert célébra la Sainte-Madeleine de l'année 1823. Et puis il mourut, à soixante-dix ans, le le mardi 4 mai 1824.

Il faut croire et il faut vouloir que Mme de Vintimille en ait eu beaucoup de chagrin. Mais le témoignage manque. Et, s'il manque, ce n'est pas un malheur où le hasard seul soit coupable : Mme de

Vintimille a quelque responsabilité. Il y a des lettres d'elle adressées à Arnaud Joubert, le 1ᵉʳ mai et le 3 mai, pour demander des nouvelles. Elle dit qu'elle est « tourmentée »; mais elle n'a point un moment à elle, parce qu'elle mène au catéchisme une petite nièce qui va faire sa première communion. Elle écrit : « Je serais bien reconnaissante si vous vouliez me mander ee que vous pensez exactement de l'état de M. votre frère. L'ancienne amitié qui m'attache à lui vous empêchera de trouver ma demande indiscrète. » Assurément!... La veille de la mort de Joubert, Frisell, en lui donnant de mauvaises nouvelles, lui a « navré l'âme »; une lettre d'Arnaud Joubert lui apporte « un peu plus de calme ». Et « fasse le ciel que les prières que je lui adresse de si bon cœur soient exaucées! » Mais elle doit aller au Calvaire avec sa paroisse : elle ne pourra recevoir Arnaud Joubert que jeudi; et, le jeudi, Joubert était mort. Elle ne l'avait pas revu. Les lettres suivantes ne disent presque rien, ne disent rien de ce qu'eût mérité le souvenir de Joubert.

Elle partit pour le Marais, où elle passa une partie de l'été. Au mois de juin, elle écrivait à Gueneau de Mussy et ne lui disait absolument rien de Joubert. Gueneau de Mussy, d'ailleurs, n'avait pas une grande amitié pour Joubert. Il disait à Mme de Vintimille, le 14 octobre 1821 : « J'ai reçu l'autre jour une lettre de M. Joubert, qui ne dit rien de lui. Mais, à en juger par son ton et par sa belle écriture, il habite son firmament comme à l'ordinaire. » On avait accoutumé de croire que M. Joubert était à peine d'ici-bas. Les personnes distraites ne s'aperçurent pas beaucoup de ce qu'il fût au firmament tout de bon.

Quand il mourut, Mme de Vintimille ne songeait qu'à la première communion de sa petite-nièce ; et elle était passionnément une grand'tante qui fait la grand'mère, avec son même regret de n'avoir pas été mère. Puis, elle écrivait sans habileté ; c'est une erreur de croire que le sentiment suffit : le sentiment d'un écrivain malhabile ne se voit pas. Les lettres de Mme de Vintimille la montrent à peine et la montrent si malheureusement inégale à ce que Joubert a aimé en elle qu'on doit penser que son image est perdue, l'image de son âme ainsi que celle de son visage, et qu'elle ressemblait sans doute plus à l'idée de Joubert qu'aux signes qu'elle a laissés d'elle-même.

Elle avait soixante et un ans lorsque mourut Joubert. Le 27 septembre 1827, Molé, qui est à Champlâtreux, écrit à M. de Barante : « Le spectacle de la lente destruction de cette bonne Mme de Vintimille répand de la tristesse sur tout notre intérieur. » Depuis quelques années, elle avait grand mal aux yeux ; et elle devint presque aveugle. Elle mourut le 30 juillet 1831, à onze heures du soir. Elle n'habitait plus la maison de la rue d'Anjou ni, comme plus tard, rue de la Ville-l'Evêque auprès des Fezensac, mais rue de Surêne et, semble-t-il, toute seule. Ce furent deux valets de chambre qui signèrent la déclaration de son décès. Personne, de la société si élégante et nombreuse qui avait été la sienne, n'a rien écrit de sa mort, si ce n'est Frénilly. Mais il écrit longtemps après et, par inadvertance, il la fait mourir au mois d'octobre 1827. Il dit : « La pauvre femme, si jolie d'abord, si brillante et spirituelle ensuite, était depuis deux ans devenue à demi-folle et le principal trait de sa folie était la fureur de la toilette, qui n'avait été jusque-là que son faible. » Voilà tout ce que j'ai pu apprendre, touchant la vie et la mort de Louise Joséphine Angélique de Vintimille que Joubert a tendrement aimée.

André BEAUNIER.

LETTRES

A MADAME DE VINTIMILLE

LETTRES

A MADAME DE VINTIMILLE

I

12 juillet 1806.

J'avais invité à dîner pour mardi Mr de Chateaubriand et Mr Molé. Ils sont venus, l'un à cinq heures et demie, l'autre à six.

Il y avoit peu de monde et on a donné une minute aux révérences. Après les révérences, ils se sont vus ; en se voyant, ils se sont pris la main d'un air charmé et se sont secoué le bras d'une manière très sensible.

On a servi. Ils ont été voisins et n'ont cessé pendant tout le repas de jaser très gaiement et de manger comme des ogres.

J'ai remarqué qu'ils demandoient toujours du même plat et qu'ils soutenoient toujours le même avis contre tous les convives. Je ne me souviens pas d'avoir observé en ma vie une plus parfaite uniformité de cœurs, d'esprits et d'appétits.

Après dîner, je leur ai proposé d'aller se jucher tête à tête dans la bibliothèque, où ils se sont ébattus pendant deux grosses heures et d'où il m'a fallu les arracher à la nuit noire.

Le lendemain mercredi, ils ont couru les champs ensemble depuis trois heures jusqu'à cinq et se sont réunis encore à sept chez Chateaubriand, où j'ai laissé Mr Molé à dix heures et demie. Je ne sais pas s'il y a couché.

Il y étoit attablé le lendemain jeudi. Ceci est sûr, car j'y ai diné avec lui.

Ce jour-là, ils se sont encore promenés seuls pendant toute la soirée, car ils n'étoient pas rentrés à dix heures. Je ne sais pas ce qu'ils ont fait hier.

Voilà le bulletin exact de tout ce que j'ai vu. Quant à ce que j'ai entendu, je puis vous assurer qu'ils rient aux grands éclats, comme des fous, et qu'ils ne parlent pas trop comme des sages. C'est qu'apparemment ils extravaguent de joie.

Si, pour compléter la narration, il faut mêler mes conjectures à mes récits, je vous dirai confidemment que je crains un peu que ce rapprochement ne se soit fait aux dépens du genre humain, car ils ne cessent de se moquer du monde entier, même de moi. Aussi leur ai-je dit de ne pas revenir. Je les ai appelés serpens réchauffés dans mon sein. Mais ils plaisantent de tout cela.

Heureusement, pour les mauvais effets que pourroit avoir leur réunion et l'esprit de ligue offensive et défensive qui les anime, ils vont bientôt se séparer, car Chateaubriand part demain. J'ai la bonté d'en être fâché, quoique je ne perde évidemment que des coups à l'éloignement où vont vivre l'un de l'autre ces deux hommes qu'a ressaisis une amitié si enragée.

Madame de Chateaubriand n'étoit pas du festin, parce qu'elle se trouva fort incommodée ce jour-là. Elle va mieux et, comme vous savez, elle part avec son mari.

Voilà tout, ce me semble. Je sais ce que vous est une nouvelle, et une nouvelle de cette espèce. Aussi n'ai-je pas perdu un moment pour vous mettre au courant de celle-ci. Vous la savez à présent comme moi-même. Je vous ai mis tous les points sur tous les i. C'est à la condition que vous m'enverrez les premiers vers que fera Mr de Vintimille, quoique à vrai dire je me trouve déjà payé par le plaisir de vous avoir appris ce que vous avez voulu savoir.

II

8 août 1806.

Chateaubriand partit de Paris le dimanche 13 juillet, à trois heures après-midi, pour se donner le plaisir de voyager toute la nuit.

Dans la matinée, il eut du loisir et en employa une partie à visiter ses plus chers amis, quoiqu'il eût reçu leurs adieux la veille au soir. Il vit entre autres Mr Molé à qui, par parenthèse, il recommanda en cas d'événement son oraison funèbre, dont il lui assigna la place, laissant d'ailleurs à son choix le texte et les divisions. Il lui recommanda aussi, s'il ne revenoit pas, d'aller chercher en Angleterre des papiers qu'il y laissa dans ses mauvais jours ; et Mr Molé le lui promit.

Si vous me demandez de quelle humeur il étoit dominé lorsqu'il faisoit ces prudentes et lugubres dispositions, je vous répondrai que quelques-uns disoient qu'il était triste, mais que j'assure qu'il étoit gai. Il passa plus d'une heure avec moi et nous rîmes comme des fous. Fontanes cautionne aussi sa bonne humeur.

Rentré chez lui, il se trouva du temps de reste et, pour se désennuyer par quelque fantaisie, il se fit apporter des armes : j'entends des armes à acheter, des pistolets, des carabines, des espingoles. Je nomme ces dernières sur la foi de la relation qu'on m'a faite, car je ne sais pas ce que c'est. Je n'avois jamais lu ou entendu ce mot depuis Louvet.

L'ennui étoit grand, apparemment : et la fantaisie fut forte. Il prit beaucoup de cette menue artillerie. Mr de Clausel, homme digne de foi, m'a protesté qu'il lui en avoit vu payer pour huit cents francs.

Je suppose qu'il lui vint en tête d'équiper quelque petit bâtiment à ses dépens si, en arrivant à Trieste, il ne trouvoit pas la navigation libre et qu'il prit ces précautions pour s'assurer le voyage d'Athènes à main armée s'il ne pouvoit pas le faire autrement. Quoi qu'il en soit, il eut besoin sans doute de beaucoup d'adresse pour distribuer ce surcroît d'équipage dans sa voiture déjà pleine et surtout pour l'y cacher aux yeux très pénétrans de Madame de Chateaubriand, qui lui avoit déclaré l'avant-veille, en ma présence, qu'en voyage elle aimeroit mieux voir un brigand qu'un pistolet.

Tous ces arrangemens finis, les chevaux arrivèrent et on partit. Il avoit pour voiture une grosse, grande et belle dormeuse : c'est son bâton de voyageur. Cette dormeuse démarra en emportant sa femme et lui dans le fond, une énorme femme de chambre sur le devant et, sur le siège, le frère de sa cuisinière, qu'il emmène à Constantinople et que, par une bizarrerie dont assurément il rira pendant toute la route, il s'est avisé d'habiller comme un icoglan. Il faut vous dire que cet icoglan, qui est d'ailleurs un brave garçon, a au moins ses 46 ans et la peau d'un rôti brûlé. Or, il l'a affublé d'une espèce de turban bleu, orné de galons d'or, petite veste et pantalon de même couleur. Il a oublié les moustaches, ce qui sera la cause que le pauvre homme, qui a l'air fort doux et l'œil d'un menuisier honnête, tel qu'il l'avoit toujours été, ne pourra faire peur à personne et fera rire tout le monde, à commencer par son patron.

Il arriva que le postillon se trouva vêtu comme le domestique et tout à neuf, ce qui fit faire à la portière de la maison des conjectures qu'elle communiquoit à tous ceux qui entroient l'un après l'autre pour dîner chez sa maîtresse ce jour-là, et qu'heureusement pour lui le voyageur n'entendit pas : « Voyez-vous, Monsieur ; voyez-vous, Madame ? le postillon et le domestique ont le même habit. Monsieur part aux dépens du gouvernement. Oh ! il a une belle place ! » Quelques charitables personnes voulurent se donner la peine de redresser ses idées ; mais elle persista dans la haute opinion qu'elle avoit de ce départ et, au passage de la voiture, on remarqua qu'elle fit une de ces profondes inclinations de corps, de ces révérences d'anéantissement que ses semblables réservent pour ces occasions où il entre de ce respect qu'on rend aux têtes couronnées. C'est le dernier salut que reçut le pauvre garçon : et je le prends à bon augure. Il ne part pas et ne reviendra pas ce que la portière l'a cru ; mais il reviendra riche de beaux sentimens et de belles imaginations, dont il agrandira son mérite, sa réputation et la place qu'il occupe dans les esprits. En tout cas, il en aura toujours une immense et des plus élevées dans le cœur de ses amis, quoiqu'il ne se ménage guère pour eux et qu'ils soient tous en droit de lui faire bien des reproches.

Ecoutez la fin de ceci. Il m'a écrit trois fois. Par sa première lettre, écrite de Lyon, il m'apprenoit qu'à Nevers on l'avoit jeté dans la Loire. A cela, il n'y a rien à dire : on n'est pas responsable du fait d'autrui, fût-on noyé. Mais il me dit dans la seconde, écrite de Turin, qu'il a pensé être brûlé : et ici c'eût été sa faute. Concevez, s'il vous est possible, l'excès de fureur où je suis entré, en lisant les détails que je vais écrire.

Et d'abord il paroît que, le jour de son départ de Lyon, il voulut aussi partir tard et voyager la nuit : sans cela, que feroit-on d'une dormeuse? Il paroît encore que, dans la matinée, il eut du loisir, comme à Paris, et que, ne sachant qu'en faire et par la plus pure horreur du vide, il se mit à charger ses armes. Entendez bien que ce fut toujours en cachette et par un passe-temps ignoré de tout autre que lui : je vous en ai dit la raison. Tout cela présupposé, voici quel fut et surtout quel risqua d'être l'événement.

Il part. Au moment où la voiture arrivoit sur la place Bellecour, un de ses pistolets prend feu sur son repos. Au bruit de l'explosion, Madame de Chateaubriand s'évanouit, les chevaux s'arrêtent, tout le monde accourt et les environne. On descend : personne, grâce au ciel, n'est blessé. Madame de Chateaubriand revient à elle ; et déjà on se félicite d'avoir échappé au péril, quand tout à coup quelqu'un s'écrie que le feu est à la voiture. Je suppose qu'il en sortoit de la fumée et que la pensée que le pistolet parti n'étoit pas seul fit craindre à tous une seconde explosion. Chateaubriand ne dit rien de tout cela; mais on l'imagine aisément, car tout le monde prit la fuite, à ce qu'il dit. Alors il se ressouvint qu'il avoit caché dans un coin quatre ou cinq livres de poudre. « Heureusement, dit-il, il ne perdit point la tête; il ouvrit sa voiture, y monta, saisit le paquet fatal et, trouvant que les cordons de ce paquet étoient en feu, il l'éteignit... Sans son courage et son industrie, ajoute-t-il, — car l'abominable ose se vanter, plaisanter même, — lui, sa femme, la berline, le postillon et les chevaux étoient en l'air. »

Il finit en m'assurant qu'une demi-heure après tout étoit réparé et que, de là à Turin, tout s'est passé le mieux du monde. J'en suis charmé. Mais, après de telles nouvelles, nous avons délibéré et conclu, Madame de Coislin et moi : 1° que nous garderions le secret sur ces imprudences ; 2° que nous chercherions partout un homme capable de nous plaire et de se faire aimer de nous comme lui ; 3° que, si nous trouvions un tel homme, nous lui interdirions, à lui, tout commerce avec nous et toute administration de son propre talent. Enfin, il nous faut un Chateaubriand plus sage. Voyez si vous en connoîtriez quelqu'un. Nous nous brouillerons volontiers avec celui-ci, si vous pouvez nous en fournir un autre ; et nous vous conseillerons d'en faire autant. Mais j'ai grand peur que cette tête-là n'appartienne à un homme unique et qu'à tout prendre nous ne soyons éternellement condamnés à l'aimer tel qu'il est, constamment et à la fureur, quoique avec fureur.

Sa troisième lettre est d'un sage. Elle est écrite de Milan, où d'abord il se félicite d'être arrivé exactement huit jours après son départ de Paris et à la même heure, et où ensuite il ne dit et ne fait probablement que des choses sensées. Il m'apprend entre autres qu'il a déterminé sa femme à revenir aussitôt après son départ. Il m'annonce que nous la verrons dans un mois et que nous pourrons l'emmener avec nous à Villeneuve au commencement de septembre, ce qui me fait grand plaisir.

Du reste, il paroît, quoiqu'il n'en dise rien, que, la poudre et peut-être les armes ayant manifesté leur existence et leur voisinage à Madame de Chateaubriand, elle les a fait jeter dans le Rhône : car son mari, qui auroit sûrement employé son séjour à Milan à les fourbir s'il les avoit encore eues à sa disposition, ne s'est occupé qu'à m'écrire une longue lettre et à regretter ses amis. « Il est prêt à pleurer, dit-il, quand il songe qu'il ne pourra pas avoir de nos nouvelles. » Il reconnoit « qu'on est bien insensé et même bien coupable, de s'éloigner ainsi volontairement de ceux qu'on aime et dont on est aimé... Et pourquoi? ajoute-t-il ; pour aller où?... Il n'en sait rien. » Enfin, il se montre là ce qu'il est si souvent, le meilleur et le plus aimable enfant du monde : d'où je conclus qu'il étoit désarmé.

J'attends à tout moment une lettre de lui pour m'annoncer son arrivée à Trieste; et je m'étois promis de vous donner alors le journal complet de son voyage jusqu'au port. Mais, puisque vous êtes si pressée, je ne veux plus attendre et, à mon ordinaire, je vous apprends ce que j'ai su. Tout est exact dans mes récits. Si vous doutez de ce que je n'ai pu savoir ni par lui ni par moi, je vous citerai mes autorités sur tout cela : et certes vous les trouverez, comme on dit, irréfragables.

Je vous écris d'Issy, où je suis en famille depuis huit jours. Vous savez où est Issy. Mon frère y a une petite maison ; et, parce qu'elle est placée hors de Vaugirard, il s'y croit à la campagne : nous tâchons de le croire aussi.

Voisin de Fleury et de Mme de Pastoret, j'ai été la voir il y a huit jours. Elle m'avoit donné de vos nouvelles : de sorte que celles que j'ai reçues de votre santé ont continué à me faire plaisir, sans me surprendre.

Une autre fois, je vous parlerai de vous et de moi : la relation m'a assommé. Mais je me suis consacré à mourir au service de toutes vos curiosités. Malheureusement, je n'aurai plus de nouvelles à vous donner ; je ne saurai plus rien et ne pourrai par conséquent vous être bon à rien. Soyez sûre, au moins, que rien ne m'intéressera autant que d'apprendre que vous continuez à vous porter mieux et que vous songez à me le dire. Mon frère va mal, lui. Son ancien mal l'a repris ; et rien ne l'a jusqu'ici soulagé que Zimmermann, *Sur la solitude* : c'est un remède qu'il vous doit.

Il y a près d'un mois que je n'ai vu Mʳ Molé. J'ai su qu'il étoit venu deux fois depuis huit jours ; mais il y en a neuf que je suis absent.

J'ai lu Mme Cottin. Je vous passe, à vous, votre goût pour elle, parce que, si vous aimez ses mauvais romans, c'est par simple reconnoissance du plaisir que vous y trouvez, ce qui est juste et même délicat. Vous n'en faites point pour cela, comme quelques autres lectrices, une grande femme et un génie. Son dernier ouvrage m'a paru irréprochable : et voilà tout. C'est un éloge qu'au reste elle a mérité pour la première fois.

Mais, bons dieux, pourquoi me faites-vous vous parler de Mme Cottin ? Je n'ai pas même le temps de vous parler de vous-même. Ce sera pour une autre fois.

P. S. — Vous ne m'envoyez pas les vers de Mr de Vintimille et ne m'en dites rien. Je ne vous donnerai plus de nouvelles, quand même il m'en viendroit. J'en excepte pourtant l'arrivée de Chateaubriand à Trieste, parce que je m'y suis engagé.

III

16 août 1806.

Chateaubriand parle déjà de son retour. « Il nous racontera, dit-il, dans nos foyers, à la fin de cet automne, les choses des pays lointains. »

Il faut vous dire qu'en arrivant à Trieste, le 30 juillet, il a trouvé dans le port, un navire autrichien, prêt à partir pour Smyrne le lendemain et qui sembloit avoir appareillé exprès pour lui. Aussi n'a-t-il pas douté que ce ne fût là une galanterie que lui faisoit la Providence. Il l'a très chrétiennement remerciée et s'est enfin senti content et charmé de son sort.

« Son étoile, à ce qu'il me marque, commence

à l'emporter visiblement et les prières de Saint-Sulpice ont opéré. » Saint-Sulpice, c'est-à-dire le séminaire, fait en effet tous les soirs, pour son heureux voyage, une prière à laquelle il a beaucoup de foi depuis le vaisseau autrichien. Il me montre un cœur pénétré de la plus orthodoxe reconnoissance.

Tous les biens sont mêlés de maux et, pour tempérer par une légère amertume la joie extrême que pourroit nous causer le bon état où se trouve la conscience du voyageur, on a imprimé ce matin dans le *Mercure* un bout de lettre qu'il a adressée à Bertin et dans laquelle il parle assez mal de Venise et de ses gondoles noires. Jusque là, on n'a rien à dire. Mais il ajoute « qu'il a pris une de ces gondoles pour un mort qu'on portoit en terre ». Je meurs moi-même, je meurs de peur que le *Publiciste* ne s'empare de cette phrase et que l'étoile du pauvre Chateaubriand ne soit battue dans cette petite occasion.

Vraiment, sa femme entend mieux les petites choses et, si le *Publiciste* lisoit ses lettres, il les trouveroit de bon goût et dignes de ses feuilletons. Je vais vous en transcrire quelque chose : cette plume vive et leste mérite, je crois, de vous faire quelque plaisir. « Venise, 26 juillet. Je vous écris à bord du *Lion d'Or*, car les maisons ici ne sont que des vaisseaux toujours à l'ancre. On voit de tout, à Venise, excepté de la terre. Il y en a cependant un petit coin, qu'on appelle la place Saint-Marc ; et c'est là que les habitans vont se sécher le soir. Je vais y aller aussi après mon diner. *Il vero Pulcinella*, qui a survécu au doge, fait sa résidence sur cette belle place. Au reste, je me réserve de vous parler de l'Italie quand je serai à Villeneuve, parce que, comme vous savez, *verba volant*... c'est du latin : je laisse au grand peintre qui est avec moi le reste du proverbe. Mais tout ce que je puis vous dire à la louange de l'Italie, c'est que je vous y souhaite. Mʳ de Chateaubriand ne vous écrira pas de Venise : c'est moi qu'il a chargée de ce plaisir. Il partira lundi pour Trieste. Il a trouvé ici deux maudits juifs qui lui ont donné les plus belles espérances pour son voyage. Il vous a écrit de Turin et de Milan et dit que vous devez être content de lui. Il est tout glorieux parce qu'il a trouvé une nouvelle traduction de son ouvrage qu'on a imprimée ici et qui paroit en ce moment. Pour moi, je ne suis que triste, parce que je vais bientôt le perdre. Rappelez-nous au souvenir de Mʳ Molé, etc. Vous savez notre histoire de Lyon. A présent, vous comprendrez comment on aime mieux un brigand qu'un pistolet. »

Je n'ai pas sous les yeux la deuxième lettre à ma femme, et qui est encore plus piquante. Au moment où elle arrivoit, son mari étoit parti la veille à dix heures du soir. Il voyage toujours la nuit, comme vous voyez. Elle étoit seule, désolée et attendant Ballanche pour la ramener. « Le temps du repentir est arrivé », disoit-elle, etc. Elle alloit rapidement reprendre le même chemin et attendre à Lyon que nous fussions de retour à Villeneuve, où elle passera les premiers mois de son veuvage. En ce moment, elle étoit accablée de sa tristesse et du sirocco. « C'est un vent qui coupe bras et jambes, ajoutoit-elle. Quand vous rencontrez un vénitien, il vous dit : Sirocco, sirocco ! Vous lui répondez : Sirocco, sirocco ! Avec ce seul mot d'italien, on en sait autant qu'il en faut pour faire la conversation pendant tout un été. » Je ne me souviens que de ce passage. Tout le reste étoit de cette drôlerie. Cette petite femme a fort bien fait de voyager : la nouveauté des objets donne à son esprit un exercice involontaire qui lui reposera le cœur.

Dieu les conduise et les ramène tous les deux ! J'entends la femme et le mari. Nous consolerons celle-ci du mieux que nous pourrons. C'est fâcheux de ne pouvoir espérer des nouvelles de l'autre que par son retour et sa présence. Enfin, il faut espérer que la même Providence que vous lui assignez ainsi que moi, et qui l'a suivi jusqu'au port, ne l'abandonnera pas et l'y ramènera. Ici finissent mes fonctions de nouvelliste et je donne ma démission.

IV

5 septembre 1807.

J'ai dit à Chateaubriand tant de mal de son acquisition ; j'ai jeté de si hauts cris sur les difformités du lieu et sur l'énormité des dépenses où la nécessité de se plaire dans son chez lui va le jeter ; il m'a écouté

avec une telle patience et m'a répondu avec une telle
douceur que, de pure lassitude, d'épuisement et
aussi d'attendrissement, je croirai désormais que le
lieu est charmant, les dépenses utiles et l'acquisition
excellente. N'interrogez donc plus un homme dont
la judiciaire est troublée : je me déclare incompétent.
C'est de vous que je veux apprendre ce que je dois
penser désormais de tout cela. Ma raison attendra
que votre coup d'œil la redresse. Jusque-là, mon avis
est précisément celui de M' Brid'oison : « Je ne sais
que vous dire, voilà ma façon de penser. »

Vous nous avez renvoyé Madame de Chateaubriand enchantée de vous et de tout Méréville. Si elle se
plaît un quart d'heure dans son futur manoir autant
qu'elle s'est plu pendant cinq jours dans le lieu où
vous êtes, son mari n'aura pas fait une aussi mauvaise
affaire que je l'ai d'abord craint lorsque j'avois le
sens commun.

Il faut absolument que j'assomme votre portier,
un jour que j'aurai de la force : et je vous en
demande très sérieusement la permission. Cet homme
a l'air d'un Cerbère maigre ; il me reçoit toujours
fort mal, ne m'écoute point, ne me laisse jamais
entrer et, de plus, il me prend pour le père de mon
frère, c'est-à-dire pour mon propre père à moi.
J'avois choisi les deux jours les plus brûlans de
l'année, et le plein midi de ces deux jours-là, pour
vous faire de ces visites signalées qui prouvent sans
contestation un dévouement incomparable et qui
rendent impossible, de la part de ceux qui les reçoi

vent, toute ingratitude et même toute indifférence. Je m'attendois à votre admiration, à vos regrets, tout au moins à votre pitié : il est clair que le misérable m'a omis sur votre liste ou que peut-être il m'en a méchamment effacé. Je ne lui pardonnerai jamais les reproches de négligence et d'oubli que je reçois si mal à propos et l'injustice énorme dont il est la cause. Ces Chateaubriand, à qui je m'étois vanté en temps et lieu de mes hardiesses, auroient bien dû s'en souvenir et me servir de témoins en vous servant de confidens, lorsque vous leur avez fait vos plaintes. Mais ces gens-là sont absorbés par leur Vallée au loup : ils en perdent la tête, et moi aussi. Tant y a que, si j'avois eu affaire à cette large et ronde face qui se montroit si accueillante à votre porte de la rue de Cérutti, j'aurois eu des remerciemens. Je suis sûr que les honnêtes gens chez qui vous étiez ces jours-là et à ces heures vous ont fait les leurs. Mais ainsi va le monde

> Et, par où l'on périt, un autre est conservé.

Je me réduis donc à protester de mon innocence ; et, si je meurs des traitemens que l'on me fait avant d'avoir tué ce vilain homme, je déclare que je l'ajourne d'avance à comparoître au tribunal de Dieu dans l'an et jour. J'offre de plus l'épreuve du fer rouge ou telle autre que vous voudrez choisir. Si, après tout cela, vous persistez à me croire coupable, je vous rends vous-même responsable de tout ce qui pourra en arriver.

Vous n'auriez pas parlé ni écrit comme vous avez fait, si vous aviez pu écouter à travers la porte une conversation sérieuse de deux heures que j'ai eue ici, sur votre compte, avec l'éternel président, il y a huit ou dix jours : vous n'avez jamais été si bien jugée ni mieux appréciée. Nous conclûmes très gravement que vous étiez la première des femmes estimables et des femmes aimables. Entendez bien qu'un chimiste appelleroit cela le *caput mortuum*, ou le mâchefer de l'entretien, qui fut chaud, qui fut tendre, qui fut sensé, animé et complet. J'espère au moins, dis-je au président, que nous ne nous demanderons plus : Que pensez-vous de Madame de Vintimille ?

Il m'assura que le plus insupportable des désagrémens de sa place étoit de ne pas lui permettre de vous voir tous les jours et de vous promener tous les soirs dans les cafés du boulevard. Je lui dis qu'il avoit raison.

Je ne puis pas entrer dans les autres détails : je pars demain. Je vous pardonne, mais vous m'avez désespéré. Une chose qu'il m'est impossible de vous pardonner cependant, c'est d'avoir laissé partir Madame de Chateaubriand sans lui montrer quelque poupée de Mademoiselle de Noailles. Mais elle m'a promis de revenir exprès à Méréville pour en voir une. Portez-vous bien, je vous en prie : car, juste ou injuste, je m'intéresse toujours infiniment à votre santé, en quelque état que soit ma tête. Si Mr de Vintimille fait des vers ou s'il raconte quelque nouvelle historiette, je me recommande toujours à vous.

V

Mercredi 11 novembre 1807.

Vous avez dédaigné mon innocence; et le ciel vous en punira.

J'ai fait le tour du monde. J'ai vu le château de Bussy, où sont les portraits de toutes les femmes spirituelles et belles de la cour de Louis quatorze.

Mourez de honte; au milieu de ces curiosités, mon premier et unique mouvement a été de m'écrier : « Ah! où est Madame de Vintimille! »

J'espérois trouver ici à mon retour une lettre de vous, et j'avois dans ma tête, pour y répondre, une demi-douzaine de relations très plaisantes qui vous auroient fait plaisir; mais je n'ai rien reçu et vous ne saurez rien.

Je veux vous dire seulement que le portrait que nous avons vu ensemble autrefois chez Madame de Muy est celui de Madame de Grignan. Celui qui est à Bussy n'est pas aussi bien peint, mais il a plus de feu et de vie. On y retrouve davantage, pour ainsi dire, une nature qui a été prise sur le fait.

Figurez-vous, une bonne fois pour toutes, que Madame de Grignan avoit le visage de l'esprit de sa mère, et que Madame de Sévigné avoit le visage de l'esprit de Madame de La Fayette : une mine longue et posée, mais sage et tendre. De sorte [que] ce qu'il y avoit de piquant dans l'esprit de Madame de Grignan lui venoit de ses traits, et ce qu'il y

avoit de piquant dans les traits de Madame de
Sévigné lui venoit de ses pensées.

Je m'embrouille un peu et j'embrouille mon écriture, mais vous m'entendez bien; si la doctrine
moderne des contrastes est vraie, ces deux femmes
étoient nées pour s'aimer quand elles n'auroient pas
été cousines.

J'ai vu aussi ce charmant Bourbilly. Mais pour
celui-là je n'en parlerai qu'aux amis constans et
dont l'amitié est à toute épreuve. J'éviterai d'en faire
mention et même de le nommer en votre présence.

Je n'ai pu désarmer Sabathier mon rival;

il est clair que vous m'avez sacrifié aux calomnies de
votre vilain portier; ce qui redouble le désir que j'avois
de le tuer, et assurément j'en passerai ma fantaisie.

Malgré cette humeur homicide qui me domine, je
sens encore pour vous au fond de mon cœur une
tendresse molle, que je puise tout entière dans le
passé, car en vérité le présent est abominable.

Je vous livre à vos remords; et je me renferme
dans ma vertu, comme un limaçon maltraité se
renferme dans sa coquille.

Je porterai bientôt avec moi à Paris ce fragile
rempart et, du fond de mon trou, je demanderai aux
passans de vos nouvelles.

« Adieu, Madame. » Il m'en coûte de prendre
ce ton avec vous; mais il le faut. La justice
le veut, l'honneur l'ordonne. J'obéis; et je vous
redis le plus tragiquement qu'il m'est possible, et en

admirateur désespéré et furieux : « Adieu Madame. »

P. S. — Je m'aperçois que mon papier à bu mes injures. Apparemment on l'a pris chez votre marchand. J'en suis fâché. Je voudrois que mes ressentimens pussent se lire d'une lieue et que vous n'en perdissiez rien. Je suis outré. « Adieu, Madame. »

VI

Avec votre gentille petite lettre à nez retroussé, croyez-vous donc en être quitte et qu'après un méfait comme le vôtre il suffira d'avoir bonne mine pour avoir raison ?

J'ai gardé la chambre cinquante jours, je suis encore obsédé et possédé par un maudit catarrhe muet qui m'a retenu dans mon lit, qui m'a fait cracher du sang, qui ne fait plus de bruit, mais qui tourmente tous mes muscles et tous mes nerfs, entre lesquels il s'est glissé. Vous n'avez pas envoyé sçavoir de mes nouvelles une seule fois et pour toute réparation, pour toute apologie, vous vous contentez de me dire, avec l'air et le ton de l'insolence en belle humeur : *Je me fâchois, vous vous fâchiez, défâchons-nous.*

A la bonne heure. Tant d'assurance et une légèreté si bien tournée et si hardie me déconcerte absolument. Je ne sçais plus ce que j'ai fait de ma colère ;

mais je m'en réserve tous les droits et, si jamais je la retrouve, vous m'entendrez.

En attendant j'irai vous voir, soit en riant soit en grognant (et peut-être tous les deux ensemble) au premier rayon de soleil qui me luira. Je prendrai mon temps depuis midi jusqu'à une heure. C'est dans le cours ordinaire de vos journées une époque où le soleil ne vous voit guères hors de chez vous.

On parloit hier devant moi de Mr de Rémusat. J'ai assuré qu'il alloit mieux: et j'en suis sûr : car vous m'avez écrit d'un style gai et vous ne m'avez pas dit un mot de cette maison. Entre tous ceux que vous avez une fois honorés du nom d'amis, je suis le seul dont les maux, par un privilège unique, bien honteux ou bien glorieux, vous laissent sans occupation ou du moins sans quelque inquiétude impossible à dissimuler. Je prends cette disparité en bonne part; je l'excuse pour le moment et, par nécessité ou pour la rareté du fait, *je vous pardonne*. C'est une lâcheté peut-être ; mais le moyen de résister au *quos ego !*

J.

Mercredi 8 avril 1812.

VII

14 octobre 1812.

Est-il possible que vous ayez attendu de moi un service léger que je ne pourrai vous rendre ? Sera-t-il dit que vous aurez inutilement compté sur moi, vous à qui je dirois si volontiers en regardant les étoiles : « Ne me les demandez pas, car je ne pourrois pas vous les donner ! » Ce que vous désirez m'auroit été facile il y a cinq ans et m'est impossible aujourd'huy. Mais parlez à Mr Frisell : je lui transmets avec confiance, quoique avec un inexprimable regret, cette belle occasion d'être heureux et de vous servir. J'ai délibéré si je ne m'adresserois point à lui en mon propre nom ; mais j'ai trouvé peu généreux de lui dérober une satisfaction dont il sentira tout le prix et de ne lui pas laisser, dans leur intégrité et sans y prendre aucune part, votre reconnoissance et cette joie dont vous parlez avec tant d'appétit et qu'on auroit eu tant de plaisir à vous causer. Je vous remercie des vers de Mr de Vintimille : ils sont fort jolis et dignes de vous. Quand Chateaubriand vous écrit, c'est une préférence qu'il vous donne sur nous, qui l'aurions voulu avec nous, qui l'avons pressé de venir et qui n'avons pas encore pu en obtenir une réponse.

Nous serons à Paris du 1er au 3 novembre. Ma tête et mes nerfs sont affreux : mon estomach penche à redevenir ce qu'il étoit ; Moscou me fait horreur ; mais mon cœur est toujours le même, parmi tant de vicissitudes et de maux, et vous pouvez être persuadée que, dans ma destinée individuelle, rien au monde, rien ne m'aura fait tant de peine que la nécessité désespérante où je suis de vous dire aujourd'huy : je ne puis rien. Je vous exprime mes regrets en paro-

diant, comme vous le voyez, l'expression de mes
désirs : figurez-vous bien que tout cela se ressemble
exactement en vivacité et en étendue et jugez des uns
par les autres. Je vous aime, je vous honore, je
vous suis dévoué et je m'en fais gloire ; mais je vous
le dis aujourd'huy tristement et la tête baissée.

VIII

6 décembre 1812.

Ah ! sirène, vos paroles et votre voix m'ont d'abord
presque ensorcelé ; mais heureusement j'ai pris le
temps de me reconnoître. J'irai vous voir, vous
regarder, vous admirer : mais j'aurai les oreilles
bouchées. Résolument, je ne veux chanter votre
refrain, tout séduisant qu'il est, qu'au singulier et
pour mon compte seul.

Me préserve le ciel de consentir à vos visites ! Cette
partie de mes reproches et de ma colère n'étoit
qu'une plaisanterie. J'ai une fort bonne raison pour
refuser cet excès de faveur : c'est qu'il me pénétre-
roit d'une lâche reconnoissance et que je veux rester
fâché.

D'ailleurs, on gagne toujours quelque douceur ou
quelque mot plaisant à être grondeur avec vous,
tandis que la tendresse toute pure vous endort et

vous embarrasse. J'irai donc braver en personne, aussitôt que je le pourrai, l'indulgence que vous m'offrez et dont je déclare que je n'ai pas besoin. J'irai affronter vos bontés, que je reconnois franchement pour le plus terrible des dangers quand on veut être mécontent. Je prendrai vos cajoleries pour de l'hospitalité et toutes les grâces de votre accueil pour un bienfait dont le voyage me rendra quitte.

Enfin je me tirerai de ce détroit périlleux comme je pourrai. Je veux bien vous aimer toujours, mais non pas me réconcilier. Fidèle et constant malgré moi, ce dont j'enrage, je resterai boudeur et sourd par projet, par calcul, par honneur et pour servir de temps en temps à vos menus plaisirs.

Regardons-nous donc désormais, si vous voulez bien y consentir, comme des amis éternels, mais éternellement brouillés.

IX

22 juillet 1813.

Je crois que l'inconstance consiste à changer de sentiments et non pas à changer de place. Vous pourriez croire aussi, si vous le vouliez absolument, qu'un voyage de six lieues peut entrer dans le régime et même dans la morale d'un vaporeux qui s'interdit d'ailleurs les visites de son quartier, par la crainte très raisonnable de communiquer à ses voisins les ennuis qu'il sent qui l'accablent et qu'il n'auroit pas le temps de laisser par les chemins en faisant des trajets si courts.

Je me souviens comme d'un songe du J[oubert] dont vous me parlez et que vous appelez aimable. Celui-là est presque mort, depuis deux ou trois ans, du resserrement d'un cœur [plein] de confiance et d'espérances, qui l'a rendu très retiré et très peu communicatif, quoiqu'il ait l'air de l'être quelquefois, par effort et par habitude. Celui qui lui a succédé est un J[oubert] qui n'est pas tendre. Il vit en soi ; il vit chez soi : il ne cherche plus à parler ; il en fuit même l'occasion. Il porte quelque complaisance dans tous les points de la terre où l'on a patience de le désirer et de l'attirer ; mais il n'y trouve plus de plaisir.

Il en auroit eu un bien grand à vous voir assi-dûment et à cultiver vos bontés, s'il pouvoit vous être nécessaire ; mais il ne peut plus qu'être souffert. Regardez-moi comme une ombre de moi-même, qui vous apparoîtra quelquefois avec les apparences de la même vie et la réalité du même attachement qu'aupa-ravant. Mais souvenez-vous bien que c'est tout ce qui reste de moi. J'attendois votre évocation, depuis notre voyage à Courbevoie : c'est une cérémonie à laquelle vous et moi sommes depuis longtemps accoutumés. Le signal n'a pas été donné et je ne suis sorti de ce qui a l'air de mon repos que pour errer à l'aventure. Les vents ont disposé de moi :

mais il est vrai (et je vous le proteste) que je me suis éloigné de vous tourné vers vous.

Votre lettre était bien jolie ; elle m'a touché et égayé plus qu'il ne convient peut-être à l'humeur grave et un peu froide où j'aspire à m'ensevelir. Je me suis interdit d'y répondre, parce que je n'ai plus d'esprit depuis que je deviens un pur esprit ; mais mon âme est toujours la même.

C'est aujourd'huy la Sainte-Madelaine et j'en célèbre la fête avec une douceur et une vivacité de commémoration qui me répondent du pardon dont vous jugez vous-même qu'une extrême fidélité me rendroit digne. Je suis comme la sainte et j'ai le droit de croire que beaucoup de fautes devroient m'être remises, car j'aurai certainement beaucoup aimé.

Je vais m'enterrer à Issy. J'y ressusciterois pour aller vous surprendre à Livry, si vous y étiez chez vous. Soyez sûre que je ferois volontiers cent lieues pour vous voir un moment et que, si je vais ailleurs pour le voyage, j'irois chez vous pour arriver. J'ajoute que je ferois aussi volontiers cent pas que cent lieues, si j'étois sûr d'arriver un peu supportable, ce que je ne puis espérer que rarement. Je me résigne à tout, mais non pas à être assommant et surtout à l'être pour vous. Voilà, pour le dire en passant et sous le sceau inviolable de la confidence la plus sacrée, le grand secret de la rareté de toutes mes visites. Ne vous y laissez plus tromper. Il pourra m'arriver encore de vous fuir, mais jamais de vous oublier.

P. S. — Il n'y a pas de tubéreuses cette année :

ce bouquet manque à cette fête et je n'ai pu me le donner. Sans ces vilains temps, ma chambre en seroit toute pleine. Cette fleur vous est consacrée ; elle le fut à pareil jour et je m'en souviens tous les ans. Je donne des regrets à son parfum, à sa beauté et je célèbre son absence, ne pouvant pas m'enchanter de sa possession.

X

8 décembre 1814.

Vous êtes une *brave femme* ; et ne dédaignez pas un éloge dont la brusque et respectueuse trivialité honore convenablement cette solidité de mérite et cette force de bonté qui sont en vous et manquent à tant de femmes séduisantes qu'il seroit impossible de louer sans élégance et sans un style un peu fleuri. Vous avez tout ce qu'elles ont et tout ce qu'on peut leur désirer : l'agréable et l'utile, le nécessaire et le superflu.

Je suis aussi, je vous assure, un *brave homme*, dont la reconnoissance courageuse ne s'attache point au succès et qui me sens aussi touché d'un refus fait avec regret que d'une démarche faite avec joie.

Mille remerciemens donc de votre déclaration franche au sujet de M[r] d'Eymar et, j'ajouterois voloxtiers, mille complimens de condoléance pour l'impossibilité où vous êtes de me servir en le servant. Vous voyez si je compte sur la sincérité incontestable de toutes vos paroles et sur votre bon cœur pour moi.

S'il se présentoit quelque occasion inattendue de dire un mot en faveur de cet honnête homme, je vous supplie de ne pas l'oublier. Je désirerois tellement lui procurer les satisfactions qu'il désire, ou plutôt que sa famille désire pour lui, qu'en vérité je lui céderois volontiers celle que j'ai reçue, si cela étoit possible et si je ne la tenois pas de vous. A ce dernier titre, sur lequel il ne me reste plus, grâces au ciel et à votre dernière lettre, aucune incertitude inquiétante, à ce dernier titre, dis-je, et à ce titre seul, elle est devenue pour moi *sacrée et incommunicable*.

J'avois à vous dire beaucoup de choses. Je voulois vous parler de notre ami Chateaubriand et de son dernier livre que je viens de lire et de méditer et qui, par parenthèse, m'a empêché de vous écrire aussi promptement que je me l'étois proposé. Je voulois avoir avec vous à cette occasion une de ces ouvertures de cœur et d'esprit qui sont le charme de la vie et de l'amitié et qui ont été malheureusement suspendues entre nous depuis si longtemps. Tout cela, à la réflexion, m'a paru difficile et long; et j'ai remis cet épanchement et bien d'autres au temps heureux où nous aurons repris l'habitude de nous parler et de nous entendre à demi-mot, si jamais il peut revenir, c'està-dire si je puis jamais vous voir et vous parler encore deux ou trois fois par semaine et sans témoins, ce qui ne sera pas aisé. Vous voilà dans le monde plus que jamais et moi plus que jamais dans la retraite : le moyen de se rencontrer !

Enfin votre image et votre souvenir me restent et rien ne pourra me les ôter. C'est ce que j'irai protester à vos pieds dans une quinzaine de jours et tout ce que je veux dire aujourd'huy.

Adieu donc, ô vous que j'ai trop tard connue, trop tard aimée, que je verrai trop peu peut-être, mais que j'ai vue assez pour me dire quelquefois, en pensant à vous et à quelques âmes d'élite dont la mémoire est dans mon cœur, que le meilleur temps de ma vie en a été le dernier temps. C'est mon avis, après y avoir bien pensé.

XI

9 janvier 1815.

... Je cultive en moi soigneusement ces restes d'innocence qui nous rendent un peu enfans. Je me livrerai donc tout entier et le plus que je pourrai, je vous assure, à tout le plaisir que va me donner, en la regardant, cette jolie chose que je reçois de votre main. Ma simplicité aime beaucoup les ornemens bien faits, et ceux-ci m'ont paru d'un goût exquis...

... Dites-vous de ma part à vous-même, je vous en supplie, tout ce que vous pourrez imaginer de plus dévoué et de plus tendre. Je ne vous démentirai pas.

XII

28 janvier 1815.

Je vais mal, mais non pas tristement, et je vous recevrai avec une grande joie quand vous prendrez la peine de venir.

Ma maladie est une vieille connoissance, ce qui n'est pas pour moi, dans cette occasion, je vous assure, une raison de préférence; car j'éprouve depuis cinq ans tous les hivers que, lorsqu'elle me tient jusqu'à un certain point, il n'y a rien au monde de si tenace et qu'il faille tant ménager.

Ils appellent cela un catarrhe rhumatismal. L'air y nuit et les soins et la chambre n'en guérissent pas. Cela prend à la gorge et puis descend dans la poi-trine, et puis dans l'estomach, et puis se jette sur les nerfs ; et puis ce jeu cruel recommence jusqu'à ce que tout soit usé. J'en ai peut-être là pour quatre mois, sur quoi j'ai souffert en déduction, je l'espère, un acompte de dix-sept jours. On s'y fait, on s'y accoutume, et moi surtout qui ai l'habitude et la doctrine de la douce résignation. J'aurois honte d'être moins sage et moins reconnoissant que cet autre qui étoit plus mal traité que moi, et qui disoit : « Je suis Epictète, pauvre, infirme, estropié et cependant aimé des dieux. » Connoissez-vous cette inscription ? Elle est belle et bonne à savoir, bonne aussi à |se| rappeler et excellente à adopter, en s'en faisant un sentiment, une pratique, un point d'honneur, et c'est ce que je fais assez. On seroit ridicule d'être un *heureux imaginaire*, mais j'ai toujours pensé que c'est être coupable que de ne pas se croire aussi peu malheureux qu'on le peut.

J'ai eu dans ma souffrance une bien agréable distraction et qui est venue bien à propos : c'est le livre de Mr de Beausset, que le libraire m'a envoyé extrêmement tard parce que j'avois voulu qu'il le fît cartonner pour moi, ce qui a été fort long. J'ai achevé avant-hier le premier volume et je commence le second. Cela est ravissant de bon sens, de bon goût, de bon esprit, de sagesse et de vrai savoir. Vous êtes bien heureuse d'avoir une telle liaison et un tel voisinage. Je vous assure que notre amie Madame de Sévigné ne connut jamais rien de meilleur.

Il vient de m'arriver, au sujet de ce bon livre, un accident épouvantable. Je venois d'écrire à l'auteur avec ce soin qu'on met à rendre une première lettre lisible et nette, attention toujours un peu pénible et qui coûte tant à un homme qui écrit au lit et de côté. La lettre étoit finie, étoit signée et alloit être cachetée, lorsqu'un mouvement trop hâté et mal

dirigé en a effacé une ligne : et me voilà au désespoir. Il faudra recopier, ce qui est le plus grand des
travaux, et remettre à demain un remerciement trop
retardé, ce qui est une grande honte et une cause de
grands remords. En attendant, il faudra me priver de
la lecture de l'ouvrage : car j'ai déjà aperçu dans le
second volume quelque chose de si parfait que, si je
l'avois lu auparavant, je n'aurois pas écrit la lettre,
qui est légère : je n'aurois pas pu me défendre de
louer trop sérieusement.

Je ne sais comment il se fait que je me livre à tous
ces bavardages. Mon intention n'étoit de vous dire
que deux mots, et voilà ma troisième page. Je suis
bien aise que ma plume se sente ainsi portée à remuer
devant vous ; c'est une préférence insigne. Mais il
faut mettre un terme à son épanchement ; je finis
donc, par la raison qu'il faut finir. J'ajouterai seulement la vieille et bonne formule que j'ai renouvelée :
vous savez ce que je vous suis.

P. S. — Sur les cris de ma femme et sur son
observation sage qu'il seroit possible, si ma bizarre
incommodité se jetoit d'un certain côté, que je ne
pusse écrire ni demain ni de plusieurs jours, j'envoie
à ce vénérable, aimable et admirable Mr de Beausset
cette lettre maléficiée que je voulois recopier. J'ai fait
une rature et un interligne peu lisible, ce qui m'ôte
tout mon plaisir ; mais j'ai recours à ma maxime,
aussi bonne à employer quand il s'agit d'une méchante lettre barbouillée que lorsqu'il est question
d'un bon catarrhe : il faut savoir souffrir.

XIII

21 juillet 1815.

J'ai été mort pendant longtemps; mais, depuis huit ou dix jours, je suis ressuscité et si bien ressuscité même que, pour peu que vous l'aimiez mieux et que vous vouliez me donner votre heure, j'irai recevoir votre visite de demain dans votre propre appartement, où vous me verrez apparoître tout rayonnant de la joie de vous revoir et un bouquet de tubéreuses à la main.

Cette dernière circonstance vous dit assez combien je suis mémoratif; et certes je n'ai pas eu besoin de consulter mon almanach pour me souvenir d'un quantième qui a été tous les jours en perspective devant moi depuis le 1er de juillet.

Vous m'avez terriblement négligé en ne me donnant aucun signe de votre retour, dont cependant je m'informois à tout le monde. J'en ai su le moment précis; mais j'ai voulu me tenir en arrière et sur mon *quant à moi*, par une raison qui m'a fort désagréablement affecté depuis votre départ et qui m'affectera longtemps. Je ne pourrai vous la dire que dans six mois ou dans six ans : ainsi, ne me demandez aucune explication à ce sujet. Je vous dirai seulement que, contre ma coutume et mon naturel, j'ai reçu et je nourris en moi avec quelque plaisir (de ce plaisir que cause toujours la justice) un ressentiment et une rancune extrêmement vifs et où vous entreriez pour une millionième partie, si je vous aimois moins, si je vous connoissois moins et si vous m'étiez moins sacrée. Je me garderois bien de vous annoncer cette énigme, dont je ne dois, ni ne puis, ni ne veux vous dire le mot, si mon silence absolu sur ce point ne tendoit pas à établir de moi à vous une barrière secrète dont je ne veux pas seulement qu'il puisse subsister l'ombre la plus légère à mon su et à mon insu. Je suis fâché, et plus que fâché, et très sérieusement : mais vous n'y êtes plus pour rien. Voilà tout ce qu'il est nécessaire que je vous dise pour l'intérêt de notre bonne union : le reste m'embarrasse peu.

J'irai donc vous voir demain, si vous me l'ordonnez ; je vous attendrai, si vous ne me faites rien dire. Je vous reverrai avec ravissement et, en tout lieu comme en tout temps, vous trouverez toujours en moi un cœur toujours ouvert quand vous voudrez y lire, et toujours fidèle, toujours tendre, même lorsque vos préventions aveugles l'obligeront à se fermer. Mais ma bonté et ma bonhomie sont lasses et je me sens disposé à ne plus rien pardonner à personne, excepté à vous si vous aviez jamais besoin de mon pardon. Cela est fier, mais cela est vrai et cela est juste. Je ne veux me montrer ni meilleur, ni plus doux, ni plus humble que je ne le suis. A demain, et mettez que je n'ai rien dit, excepté ces mots : *je vous aime et je vous aimerai toujours.*

XIV

18 mars 1816.

Avez-vous le temps de penser à moi quelquefois, au milieu de votre tourbillon politico-logique ? Pour moi qui, grâce au ciel, ne lis que la moitié d'un seul journal, qui vois peu de gens et qui me bouche les oreilles quand on parle du ministère ou des deux chambres, j'ai gardé ma tête assez libre. Je m'y promène quand je veux ; et je vous y trouve partout, dans les plus agréables de ces recoins que j'aime à parcourir plus que les autres et où sont placés les souvenirs.

Je me reproche cependant de vous exposer à croire que j'ai pu vous oublier. Mes négligences sont grandes, sont longues et deviendroient impardonnables si elles subsistoient plus longtemps. J'y mets un terme et, pour apaiser mes remords, je fais l'aveu de mon iniquité. Le temps est bien choisi, puisque nous sommes en carême. Le jour, encore mieux, puisque c'est aujourd'huy ma fête. Je me donne un bouquet, en me réconciliant ainsi avec moi-même. Si vous avez, pour votre part, quelque petit reproche à vous faire, je vous permets de vous réconcilier avec vous.

Toutes mes incommodités accoutumées dans cette vilaine saison sont revenues. Il faut bien vous le dire, pour être juste dans mon humilité. Tout n'est pas négligence en moi ; et mes négligences, même les plus légères, ont pour principe d'invicibles nécessités.

Je lis un ancien livre latin, d'un cardinal Paleotti, qui dit et veut prouver que rien ne rend l'homme si heureux que de vieillir, que d'être infirme, etc. Je veux encore embrasser ce système et j'entrevois déjà qu'il est aussi incontestable que beaucoup d'opinions qui dominent en ce moment et asservissent des esprits fort sensés. Le bon cardinal, au surplus, n'assigne aucune époque à ce qu'on appelle vieillesse et prétend qu'elle commence justement et exclusivement au temps où l'on se courbe, où l'on maigrit, où l'on tend au desséchement, etc. Je suis bien aise de vous le dire et de le savoir : il est évident, à ce compte, que vous ne vieillirez jamais.

Mr Cornisset-Desprez a un léger service à vous demander. Je l'ai fort exhorté à être hardi et à s'adresser à vous en toute confiance. C'est un homme excellent, que j'ai déjà chargé de m'excuser auprès de vous et dont je vous prie d'accueillir avec toute votre bonté naturelle la présence et le message, s'il ne s'est déjà présenté.

Dites-vous bien, je vous en supplie, que vous serez toujours à mes yeux ce que je vous ai vue et daignez me voir toujours tel que je vous semblois être quand vous me trouviez supportable. Il faut peut-être ou, du moins, il faudra bientôt pour cela un peu d'effort. Mais, sans effort, il n'y auroit jamais de vertu ni d'amitié perpétuelle. J'en excepte pourtant celle qu'on peut avoir pour vous et qui me charme depuis longtemps avec tant d'uniformité.

XV

7 septembre 1816.

Votre lettre pour le jour de la Madelaine m'a comblé de joie, etc. Je n'y ai pas répondu ! Comment m'excuser ? Je n'en sais rien.

Voici ce que je puis vous dire de plus satisfaisant à cet égard. Je dis *satisfaisant* pour moi, qui éprouve et qui sens bien malheureusement la vérité du fait : quant à vous ou, du moins, quant au reste du genre humain excepté vous, on aura bien de la peine à me comprendre.

Il y a, dans la variété infinie des maladies singulières auxquelles ce siècle est sujet, une infirmité qui saisit ses malheureuses victimes par accès plus ou moins longs et qui est plus rare heureusement, mais plus bizarre que toutes les autres. On peut lui donner le nom de *hydromélanophobie*, ou *invincible horreur de l'eau noire*.

Il est impossible à ceux qui en sont atteints de faire aucun usage de l'encre. Aussitôt qu'ils veulent tenir une plume dont l'extrémité en est imbibée, une contraction de nerfs violente se fait subir au bout de leurs doigts, gagne la paume de la main et se répand de là le long du bras, gagne l'estomach, la poitrine, tous les muscles, tous les vaisseaux et cause enfin une anxiété affreuse, horrible, universelle, qu'on ne peut apaiser qu'en éloignant de soi l'objet qui a causé le supplice. Voilà quel a été mon mal et ce qui m'a empêché de vous écrire.

Je me suis distrait de cette épouvantable incommodité en courant les bosquets, en passant devant votre porte, en m'embaumant de tubéreuses, dont les premières n'ont paru dans ce quartier que la veille de la sainte Anne et dont les plus arriérées parfumeront encore ma chambre de Villeneuve, si je puis en trouver à Sens. Enfin je me suis occupé de vous et de mes anciens beaux jours en me rendant coupable à votre égard du silence le plus impardonnable, s'il étoit possible de ne pas pardonner à ceux qui aiment beaucoup et de violer en ce point essentiel les paroles de l'Evangile.

Je saisis, pour vous expliquer tout ceci, le premier intervalle qui ait eu lieu dans ma maladie depuis trois mois. Il est dû probablement, cet intervalle, à une certaine révolution que la nécessité de partir a occasionné dans tous mes esprits. Cette nécessité, je l'ai éloignée tant que j'ai pu, car j'aurois voulu vous revoir. Vous m'aviez dit que vous reviendriez le 1ᵉʳ septembre; mais j'ai appris à votre porte, le 2, que votre arrivée étoit remise au 10. Je pars le 8. C'est perdre à beau jeu. Je n'ose m'en plaindre : qui pourroit, avec des infirmités comme les miennes, me juger digne de gagner?

Adieu donc. Je suis en possession de votre indulgence. C'est une possession d'Etat, et cela est sacré. Si cependant vous vouliez me traiter avec rigueur, je n'oserois en appeler; mais je proteste d'avance, et à tout événement, qu'indulgente ou sévère, loin de vous ou près de vous, *meilleur ou pire, en maladie ou en santé* (comme le dit la liturgie angloise) je vous aimerai toujours et toujours également, parce que cela est doux, cela est juste, naturel et indispensable pour moi.

Je veux vous dire aussi que les *hydromélanophobes*, qui ont horreur de l'encre liquide, par une espèce d'inconséquence assez ordinaire dans toutes les anomalies qui causent des maux singuliers, ont une prédilection très marquée pour l'encre sèche, quand ils l'aperçoivent dans de bons livres par exemple, et mieux encore sur le papier à lettres où cette encre a été déposée par quelque main qui leur est chère. Leur vue en est alors extraordinairement réjouie, ainsi que leur cœur et leur esprit. Si donc vous vouliez m'honorer de quelques signes de souvenir (fût-ce même de votre colère), soyez sûre de tout le plaisir et de tout le bien que me fera votre lettre.

XVI

30 décembre 1816

Il est très probable que nous sommes brouillés ; mais nous le sommes sans doute en personnes d'honneur et je puis sans inconvenance vous souhaiter la bonne année et vous offrir mon petit présent comme dans mes anciens beaux jours. Ce petit présent n'est pas mince : ce sont, ne vous en déplaise, les quatre gros volumes in-8° des *Réflexions Morales* que vous avez désirés quand vous aviez quelque bonté pour moi et que je n'ai cessé de chercher, même depuis le temps de ma disgrâce. Je les ai enfin trouvés il y a six semaines ; et j'ai employé tout ce temps à les rendre plus dignes de vous être offerts, en y ajoutant les petites marques et remarques que pouvoit y souhaiter votre curiosité. Il y manque une table des propositions notées ; mais j'en ai préparé le brouillon et je le ferai copier par des mains habiles. Le premier volume n'est pas souligné, parce que vous avez entre vos mains un premier volume à moi qui doit me servir de modèle. Enfin tout cela sera parfait avec le temps et pourra vous causer quelque plaisir, si le goût que vous aviez pour les vieux livres n'est pas devenu aussi changeant que votre excellent cœur l'est devenu pour moi.

Il est pourtant bien singulier que vous m'ayez traité avec tant de rigueur. Vous m'aviez écrit pour le 22 de juillet la plus aimable lettre du monde, je l'avoue ; il y avoit même dans cette lettre deux anecdotes impayables et qui me font rire encore ; j'en demeure d'accord, toutes les fois que je ne suis pas trop accablé par la douleur. Je ne répondis et je ne vous remerciai que le 4 ou le 5 septembre : et j'eus grand tort, je n'en disconviens pas. Mais, ce tort, je l'avois eu vingt fois et vous me l'aviez pardonné. Enfin ma négligence et votre indulgence étoient deux biens dont j'étois en paisible et incontestable possession depuis treize ans : et vous avez troublé mon droit. C'est vous qui êtes impardonnable.

Quatre grands mois sans m'écrire un seul mot, vous qui écrivez deux fois par jour à tout le monde ! Je ne m'appesantis pas sur cette réflexion qui me rendroit aussi intraitable que vous l'avez été : je veux mettre les bons procédés de mon côté.

Je commence donc, comme si de rien n'étoit, par mes vœux de bonne année. Il pourra même m'arriver de passer à votre porte, au premier beau jour dont je pourrai profiter : je ne serai pas reçu, mais je laisserai mon billet. Enfin, pour n'avoir rien à me reprocher, si je deviens très malade, je vous prierai de venir me voir *in articulo mortis*.

En attendant, je me souviendrai de vous toute ma vie, même pendant l'éternité, si Dieu me le permet, comme dit la Harpe, dont je n'ai jamais aimé que ce mot et à qui j'ai toujours été tenté de reprocher de ne l'avoir pas dit pour vous.

XVII

21 juillet 1817.

Vous m'avez écrit, à pareil jour, il y a un an, une lettre bien aimable, que je reçus en silence, mais non pas certes avec insensibilité.

Il y avoit, dans cette aimable lettre, si digne de reconnoissance et si propre à me causer de grands plaisirs, un passage qui me fit une peine extrême et dont je ne vous ai jamais rien dit. Il faut que j'en parle aujourd'hui et que je soulage, en l'exhalant, ma douleur trop longtemps muette. Je me plaindrai en peu de mots.

Par un anachronisme qui me fait frémir le cœur, vous confondiez, dans une commémoration dont j'étois d'ailleurs très flatté, deux époques très différentes, quoique également mémorables pour moi, le 6 de mai 1802 et le 22 juillet, c'est-à-dire le jour où je vous vis pour la première fois et le jour où j'ai le mieux connu le bonheur qu'on trouve à vous voir, en me promenant avec vous et Chateaubriand dans une certaine allée des Tuileries, qui semble faite exprès pour s'y promener en rêvant, où je me promène souvent et que je trouve toujours, comme je vous l'ai dit plus d'une fois, toute embaumée de votre souvenir. C'est là (et ne l'oubliez plus) l'événement qui m'a rendu sacré le jour de sainte Madelaine. C'est là aussi ce qui m'a fait tant aimer les tubéreuses, dont je vous donnai ce jour-là un beau bouquet ; et c'est en l'honneur de ce beau bouquet, que je m'en donne un pareil tous les ans, à la même heure s'il se peut, et que je vous ai dédié et cette fleur et son odeur. Je voudrois bien n'être pas fade, mais il faut être vrai, et je dois vous avouer que le bonheur que j'éprouve à me rappeler ces importantes minuties fut un peu troublé, il y a un an, en voyant que seul j'en gardois bien nettement la mémoire. Je me suis ravisé. Je veux oublier votre oubli; mais il étoit bon d'en faire mention en passant, ne fût-ce que pour constater notre état de situation et tenir nos comptes en règle : les bons comptes font, dit-on, les bons amis.

Je ne suis pas cependant si éplucheur ou si réplucheur que vous le pensez. J'examine peu si l'on m'aime plus ou moins : c'est pour moi un assez grand bienfait qu'on se fasse beaucoup aimer; et je vous ai, à cet égard, de hautes et constantes obligations.

Il paroit que Mr de Barante vous en a aussi de cette espèce et qu'il vous aime plus que vous ne croyez, puisqu'il a donné à notre petit grand cousin la place qu'il sollicitoit. Mon frère l'en a remercié, en le rencontrant aux bains dans le temps. Une absence que nous fîmes alors ne me permit pas de connoître et de vous annoncer à propos ce succès que nous vous devons, je le soutiens 1° parce que cela est vrai et 2° parce que je voudrois pouvoir vous attribuer tout ce qui m'est arrivé et tout ce qui m'arrivera d'agréable dans la vie. Elle est bien pénible pour moi, cette vie. Mes affoiblissemens secrets augmentent tous les jours. Je les déguise au dehors et je me les déguise à moi-même tant que je puis; mais je les sens et ils m'accablent au-dedans. Heureusement le cœur vit toujours. Mais il ne vit guère tout entier que pour vous, et peut-être aussi pour Madame de Staël, que je n'ai jamais vue, que j'ai mille fois évitée, qui me paroissoit un être fatal et funeste, dont la mort me paroit un bien et m'attriste cependant quand je vois l'indifférence avec laquelle ses amis même ont vu descendre au tombeau cette femme encore si vivante et qu'on avoit si longtemps fêtée. Je me suis informé de toutes parts : il n'y a pas eu d'exprimé un seul véritable regret: son quartier même l'a maudite, je ne sais pourquoi. Benjamin Constant a vu pendant deux heures Mr Frisell, le jour de sa mort, sans lui en parler. Quand celui-ci lui en a fait des reproches, quelques jours après, il lui a répondu : « Je croyois que vous le saviez. » Le jour des louanges a été déplacé pour elle : elle en avoit reçu dans sa vie ; il n'y en a point eu au delà. Cette infortune d'une telle célébrité m'a navré véritablement : et, quand j'ai vu que personne ne vouloit penser à cette pauvre femme, je me suis mis à y penser tout seul et à regretter, avec une amertume inconsolable, le mauvais emploi qu'elle a fait de tant d'esprit, de tant de force et de tant de bonté. Elle est morte, comme vous le savez, Madame de La Roche ou *della Rocca* ; cet incident, qui égaye un peu ma tristesse, n'a pas occupé la malignité. Sans les journaux, la fin d'une vie qui a été si tumultueuse n'auroit pas fait le moindre bruit.

Madame de Chateaubriand, à la suite d'un catarrhe qui avoit extrêmement fatigué sa poitrine, a eu la rougeole à Montboissier. Elle est mieux ; mais elle nous a fort inquiétés et nous avions envoyé son médecin Mr Laënnec. Je vous connois trop fidèle aux amitiés même passées, pour vous croire indifférente à cette nouvelle, qui d'ailleurs me touche de près ; et je vous la donne.

Ce pauvre garçon est bien malheureux cette année : mais je ne veux pas vous parler de lui. Je ne saurois supprimer cependant une réflexion qui vient au bout de ma plume et qui me tourmente quelquefois en pensant à vous, à lui et à bien d'autres que je vois quelquefois si bizarrement unis ou désunis. Il me semble que le monde est plein d'aimans qui se tournent leurs pôles et d'antipathies qui se donnent la main.

Pour moi, dans mon isolement et au milieu de mes maux, je goûte et je cultive le bonheur de n'éprouver et de n'inspirer que des inclinations conformes à ma nature primitive et invariable. Souvenez-vous qu'il est de mon essence de penser à vous avec délices et de vous être éternellement attaché.

XVIII

21 juillet 1818.

Je suis mort au monde ; mais je ne le suis pas pour vous, quoique depuis six mois et vingt-un jours bien comptés je ne vous aie donné aucun signe de vie.

Si vous me demandez pourquoi pendant tout ce temps-là, je me suis tenu si obstinément enfermé dans mon espèce de tombeau sans vouloir en ouvrir la porte à personne, pas même à vous : comment il est possible que j'y sois demeuré sourd à vos aimables invitations de venir m'y rendre visite, muet sur mes regrets et inébranlable à mes propres inclinations, je vous dirai que c'est là un secret dont on ne fait pas aisément la confidence, qu'on se dissimule à soi-même tant qu'on peut et auquel on ne pense pas volontiers. En vous l'avouant aujourd'huy, je fais le plus pénible effort où un honnête homme puisse être porté par une amitié sans bornes et une confiance sans réserve.

Apprenez donc ce que personne ne sait encore, mais ce qui sera bientôt sensible aux regards les moins clairvoyans : c'est qu'au fond de moi-même je suis devenu imbécile, ennuyé de ce que j'entends, ennuyeux dans ce que je dis, indifférent à presque tout ce que je vois, ne comprenant presque plus rien ni aux livres, ni aux hommes, ni à mes propres pensées ; enfin je suis différent de moi-même. Le souvenir de moi vaut mieux que ma présence et je n'ose plus me montrer à ceux dont je veux être aimé. Jugez si je suis payé pour vous fuir.

Ce n'est pas qu'en y réfléchissant longtemps et en me tâtant avec une extrême attention, je ne retrouve en moi de temps en temps le même cœur, le même esprit, le même fonds de feu et de tendresse ; mais tout cela est si enfoncé, si nébuleux, si engourdi que je puis seul être assuré de mon identité parfaite. Je me supporte donc ; mais il me seroit impossible de ne pas succomber à l'humiliation et à la peine d'être insupportable à autrui, surtout à vous, ne fût-ce qu'un quart d'heure, quelques minutes, un instant.

On dit que c'est un temps de crise et que cette crise passera ; mais il y a dix mois qu'elle dure et je suis descendu où je suis par des décadences insensibles et continues : on ne revient guère de ce qui s'est opéré si lentement.

Les grandes chaleurs et les souvenirs de la Sainte-Madelaine m'ont ranimé un moment. Je me sers de cette espèce de demi-retour pour vous offrir les hommages et les souvenirs d'une ombre. Ma chambre sera parée de tubéreuses, au retour de la servante qui va porter ma lettre à la poste ; et, si Mr de Fontanes est fidèle à la promesse qu'il m'a faite de venir prendre mes commissions, il vous portera dimanche un petit livre qui m'est bien cher parce qu'il me fait souvenir de vous depuis six mois que je vous le garde. Ce sont mes étrennes de cette année : recevez-les, quoique tardives. C'est ce qu'après beaucoup de recherches j'ai cru trouver de plus digne de vous, ce qui est en ce moment le plus précieux à mon goût parmi mes livres, ce que j'aurois le plus de plaisir à garder et ce qui, par cette raison, m'est le plus agréable à vous offrir.

Aimez-moi toujours un peu, puisque vous avez daigné m'aimer autrefois, et ne dédaignez pas mon oisive et inutile fidélité.

P. S. Il ne faut pas cependant que je vous expose à vous attendre à quelque merveilleuse rareté. Mon petit livre est tout bonnement un petit Pétrarque dont tous les sonnets, rangés dans leur ordre chronologique, font imaginer presque jour par jour l'histoire entière de sa vie et de ses amours.

La traduction françoise est en regard, de même dimension que le texte. Cette traduction n'est pas fort bonne ; mais elle est du bon temps, puisqu'elle est dédiée à Mr de Montausier. La reliure est couleur de bois d'oranger et me rappelle vos petits meubles que j'aimois tant. La couverture est ornée d'un double W très délicatement tracé, qui semble multiplié par ses petites branches et qui, par ce caractère, paroit à la fois l'emblème et le chiffre le plus convenable de votre nom. Les signets sont des rubans du plus beau blond, ainsi que les revers de la reliure et les dorures un peu passées. Enfin tout annonce que, dans son origine, ce livret fut destiné à la plus piquante des blondes. J'ai dans la tête qu'on le relia pour vous, qu'il vous a appartenu, qu'il fut volé ou que vous le perdîtes : et je vous le rends.

Je me suis dit, dans mes conjectures, qu'il vous fut donné il y a longtemps ; que, par conséquent, celui qui le donna put vous aimer dès sa jeunesse : et c'est un bonheur que je lui envie. Je me dis que, s'il vit encore, il vous aime toujours : et, ce bonheur-là, je ne l'envierai jamais à personne, car je le partage avec tout ce qui vous connoît.

J'ai dit. Amusez-vous beaucoup et portez-vous bien.

XIX

2 janvier 1819.

Hier, j'ai tenté l'impossible pour aller vous offrir en personne mes vœux de la nouvelle année. Je voulois arriver à votre porte à trois heures, vous voir, si vous étiez visible, et déposer au moins de mes propres mains, chez votre suisse, si je ne pouvois pas parvenir jusqu'à vous, mon compliment et mon petit présent d'usage. Tout étoit prévu, arrangé : mais le sort s'est moqué de moi. Il n'y a pas eu moyen de trouver, dans mon voisinage, un fiacre qui fût à sa place. Tout rouloit et rien n'a voulu s'arrêter. Dans mon désespoir, j'ai fait chercher une brouette : mais on n'a pas pu en trouver.

Voilà certes commencer l'année par un désappointement qui seroit de mauvais augure, si la peine que j'en ai ressentie, et que j'ai acceptée à la fin de bonne grâce comme un juste châtiment de ma vanité déconcertée, n'avoit absorbé le présage. Il est certain que j'étois fier de me montrer leste et ponctuel à remplir un devoir si cher et dont je n'ai pu m'acquitter que de loin et avec lenteur depuis tant d'années. Aujourd'huy je suis humilié de ma tentative déçue. C'est donc en toute humilité que je vous envoie ces assurances de mes regrets et de ma fidélité.

Je suis arrivé depuis quinze jours. Je n'ai pas oublié, pendant mon absence, que vous m'aviez invité à vous écrire, si je trouvois de l'encre et du papier à ma portée. Mais, au lieu d'écrire, je me suis amusé à penser à vous sans vous en rien dire. Je vous assure que j'ai bien vivement regretté de n'être pas votre voisin au mois d'octobre. Je l'ai passé tout entier dans une vivacité de tête et de cœur, dans une activité d'imagination et une disposition à communiquer mes pensées, qui me rendoient tout à fait bonne compagnie. Ah! où étiez-vous dans ce temps-là? Mais voilà encore une vanité dont vous êtes la cause et dont je pourrai bien être puni par le retour de cette imbécillité qui me tint si longtemps éloigné de vous, l'année dernière, et à laquelle vous ne voulûtes pas croire, quoiqu'elle fût, je vous le jure, bien réelle. Si elle revient, je la prendrai; mais je voudrois qu'elle ne revînt qu'aux vacances, pour n'être pas trop indigne de vous pendant que je suis à Paris.

Donnez-moi vos jours et vos heures, afin que je puisse mettre à profit mes bons moments tant qu'ils dureront. Mᵣ Molé vous aura fait part de mes bonnes intentions et vous n'aurez pas été trop étonnée de n'entendre pas parler de moi hier. Je le rencontrai au coin de la rue de la Paix, il y a six jours. Il m'apprit qu'il étoit hors de ministère. Je voulus lui en donner un et je le fis mon chancelier auprès de vous. Je ne sais si le brouhaha de ses fonctions passées lui aura laissé la liberté de s'acquitter de celles que je lui confiai et qu'il voulut bien accepter; en tout cas, j'en appellerai à sa responsabilité.

Adieu. Soyez heureuse cette année et toutes les
autres autant que je le désire, autant que vous le
méritez ; et surtout soyez bien sûre que, tant que je
respirerai, leste ou impotent, malade ou sain, imbécile ou non, en écrivant ou n'écrivant pas, je penserai
à vous, je vous estimerai, je vous honorerai et je vous
aimerai toujours.

XX

21 juillet 1819.

Voici un petit présent qui me paroit digne de
vous et du lieu que vous habitez. C'est une lettre
de Boileau à Mr de Lamoignon, l'avocat général, qui
portoit le nom de cette terre de Basville qui embellit
votre voisinage. Vous serez sûrement bien aise de
voir et de posséder ce portrait parfaitement ressem-
blant de l'écriture du poète. On me l'a donné et je
vous le donne : c'est pour moi un moyen infaillible
d'augmenter le plaisir que j'en ai reçu.

Boileau se plaint, dans sa lettre, de n'avoir pas,
cette année-là et ce jour-là, un soleil digne du mois
où il écrivoit, qui étoit le mois de juin. Nous avons
aujourd'huy un temps bien indigne aussi du mois de
juillet, et surtout du 22. Mais j'en ai de rechange
et, s'il ne fait pas demain un beau jour de Sainte-
Madelaine, je me souviendrai d'un autre.

Vous souvenez-vous d'avoir entendu citer à Chateaubriand deux vers d'un vieux juge de paix de Sceaux qui traduisoit Atala à sa manière et qui faisoit dire à son sauvage :

> Le cruel souvenir
> Ne veut pas que mes maux puissent jamais finir.

Je parodie ce sauvage en me disant :

> Un si doux souvenir
> Ne veut pas que mes biens puissent jamais finir.

Donnez-moi, je vous prie, de vos nouvelles un peu en détail, et de celles de Madame de La Briche, dont j'espère que l'accident est entièrement sans vestiges. Avez-vous auprès de vous Madame de Pastoret ; et son affliction s'adoucit-elle ? Je n'ose pas aller la voir, de peur de remuer ses douleurs ; mais je pense beaucoup à elle. Je ne vous dis rien pour Mr Molé : je veux me brouiller avec tous les hommes, excepté avec deux ou trois. La politique a ôté aux autres la moitié de leur esprit, la moitié de leur droit sens, les trois quarts et demi de leur bonté et certainement leur repos et leur bonheur tout entiers. Je les attends à l'autre monde : c'est là seulement que je renouerai mes amitiés.

A propos d'amitié, le pauvre Frisell, qui servoit quelquefois de truchement à la nôtre, étant parti pour Londres, a ressenti à Dieppe une atteinte de goutte qui lui a rendu une main toute enflée et toute rouge. Le voilà qui se croit délivré de tous ses autres maux et qui nous écrit dans sa joie pour nous prier de l'aider à chanter un *Te Deum* : jamais homme n'a été si content d'avoir la goutte. Mais il attend au lendemain pour cacheter sa lettre : et le voilà qui s'éveille avec la même main, il est vrai, mais aussi avec les mêmes reins et les mêmes nerfs, les mêmes muscles et les mêmes douleurs qu'auparavant. Le pauvre garçon a fini par nous demander un modeste *De profundis*. Nous lui dirons un *Libera*, non pas pour l'autre monde, mais pour celui-ci, en priant le ciel de le délivrer de tout ce qui lui ôte sa gaieté, son contentement et son amabilité native. Nous partirons pour Villeneuve beaucoup plus tôt qu'à l'ordinaire. Donnez-moi l'ordre et la marche de votre été, afin que je sache si je puis espérer de vous revoir à Paris avant de le quitter.

Portez-vous toujours bien et ayez toujours beaucoup d'indulgence et un peu d'attachement pour moi qui vous ai tant aimée et qui vous aime tant.

XXI

12 septembre 1819.

Je suis guéri de mes douleurs, mais non pas de mes maux. Daignez croire que, ce que j'y trouve de pire, c'est qu'ils me séparent souvent de vous...

XXII

Si vous n'avez jamais lu ce livre, vous serez charmée de le connoître. Si vous le connoissez et si vous ne l'avez pas, vous serez bien aise de l'avoir. Si vous l'avez, vous me le rendrez et je vous en donnerai un autre : car je veux l'avoir pour moi et il me deviendra plus précieux quand il sortira de vos mains.

Il y a là un bon sens, un sérieux, une bonhommie et une naïveté qui font rire. Quand on a de pareils mérites, on est un livre capital.

Celui-ci commence à devenir rare et je n'ai pas pu le trouver relié. Mais, si « *tableau d'après nature* », s'il est bien fait, « *n'a besoin de bordure* », ce tableau-ci peut supporter sa nudité.

Voilà donc des étrennes gaies : j'en suis charmé et j'espère que le hasard qui me les a procurées sera de bon augure pour vous et pour moi.

Bon jour donc pour aujourd'huy et bon an pour demain. Indiquez-moi le jour et l'heure où je pourrai aller vous voir et croyez que tous les changemens qui se sont faits depuis que je vous ai connue n'ont pu porter aucune atteinte à mon immutabilité.

J.

Ce vendredi 31 décembre 1819.

XXIII

4 janvier 1820.

Grand merci et dormez en paix. C'est à genoux que je vous assure de mon indulgence.

XXIV

27 mars 1820.

Fontanes est entré hier chez moi à quatre heures criant, non pas *Hosanna!* mais *Tue! Tue!* ou peu s'en faut. Il venoit presque de se battre avec votre portière. Voici les faits. Il prétend qu'après avoir pris chez Madame de La Briche des informations authentiques sur les jours et les heures où l'on peut espérer d'être admis au bonheur de vous voir et de vous parler, il s'est présenté neuf fois (ni plus ni moins) à votre porte auxdites heures et auxdits jours sans avoir été reçu ; que, s'étant présenté huit fois à pied, et sans avoir de carte de visite dans sa poche, il avoit pu attribuer à cet *incognito* les huit premiers refus qu'il avoit essuyés ; mais qu'hier il a mis sa famille à pied, il est monté dans son carrosse, il a ordonné à son cocher d'aller grand train et a rempli tout le quartier du bruit de son impatience, sans que ce bruit ait servi de rien.

Il me paroit que, dans son humeur entreprenante, il a porté ses insistances aux dernières extrémités, car il m'a avoué que la portière lui avoit dit : « Est-ce que vous voulez parler aux murailles? » Ce bon mot a déconcerté tout son feu.

Il est venu là-dessus me confier sa déconfiture et chercher mes consolations : je lui ai donné des conseils. Je lui ai dit que, lorsqu'on vouloit arriver, il falloit prendre le bon chemin : que si, au lieu d'employer ses chevaux et ses jambes à courir après vous, il avoit eu recours, sans aucune fatigue, à sa main droite et à sa plume pour vous prier de lui indiquer le moment où vous pourriez le recevoir, il auroit eu dès la première fois une prompte satisfaction ; qu'il n'y a personne au monde que vous vissiez plus volontiers que lui, mais qu'enfin, pour le recevoir, encore falloit-il savoir qu'il étoit là, qu'il lui restoit donc à finir par où il auroit dû commencer et à vous écrire deux mots, etc. Il a compris que j'avois raison : mais il m'a paru si honteux et si abattu d'avoir eu tort que je me suis offert à écrire pour lui : ce que je fais. Veuillez donc, je vous en supplie, lui faire savoir directement qu'il peut se présenter, et en quel temps. Il a, dit-il, auprès de vous une affaire importante à traiter, un service à vous demander au nom de La Harpe, au nom d'Ovide, au nom des vivans et des morts et au nom du bon droit et de la justice, qui sont des choses immortelles, au moins pour vous et pour les bonnes âmes. Je vais tâcher de vous expliquer cette affaire en peu de mots, afin que vous soyez prévenue, si vous le voyez, ou que vous puissiez lui donner toute satisfaction sans le voir, si la solitude qu'il est possible que vous vous prescriviez, dans ces jours saints, ne vous permettoit pas de le voir.

Ovide, vous savez qui c'est. La Harpe, vous l'avez connu et vous avez connu aussi une certaine traduction des *Métamorphoses*, que La Harpe a vantée et dont Ovide lui-même n'auroit pas été mécontent. Elle est probablement dans quelque coin de votre bibliothèque et porte le nom de Saint-Ange.

Or, ce Saint-Ange a laissé une veuve, des filles et deux garçons qui ont pour toute fortune une pension de douze cents francs que leur fait le gouvernement. De ces deux garçons, l'un est mort aux armées : et l'autre, après douze ans de service et plus d'une blessure, est capitaine dans une légion dont M^r de Zœpfel, neveu de feu M^r le duc de Feltre, est colonel. Le capitaine est fort content de sa fortune et de sa place ; mais il craint que son colonel n'ait contre lui de fâcheuses préventions. C'est pour écarter ce péril qu'on veut vous supplier d'intervenir et de tout faire pour que M^r de Zœpfel prenne des sentimens favorables à l'Ovidien. Mr de Fontanes répond de ses bonnes dispositions. Empêchez, il vous en supplie, qu'il ne tombe un cheveu de sa tête, ni un fil de ses épaulettes, ni un sou de son traitement.

Voilà l'affaire et tous les faits. J'abandonne le reste à votre sagesse et à votre bonté. Mais n'allez pas dire à Fontanes qu'entre vous et moi je me suis un peu moqué de lui et de ce que, dans le temps de la Passion, il s'est laissé interloquer par une servante qui n'est pas celle de Pilate.

On m'a prêté le livre ci-joint, qui n'est pas encore mis en vente, que je sache. Je vous cède mon privilège de le lire avant le public. Il y a des lettres de Madame de Sévigné à un Mr Duplessis, ex-gouverneur de son fils, dont je soutiens que vous avez au moins écrit les deux tiers, tant cela ressemble à votre bon ton d'aimable et bonne personne. J'ai le livre pour la quinzaine, le maître étant occupé ailleurs. Ainsi ne vous gênez pas pour le parcourir à votre aise.

Il me reste à vous dire que j'ai mille fois plus pensé à vous que vous n'avez pensé à moi depuis notre dernière entrevue, car j'aurois voulu vous écrire plus de trente fois. Si vous l'aviez voulu, vous l'auriez fait. Quant à moi, je n'exécute jamais que ce que j'ai résolu cent fois. Agréez mes sentimens déjà anciens et toujours vifs comme s'ils ne faisoient que de naître.

XXV

20 décembre 1820.

Il y a plus de huit jours que je veux vous envoyer ce livre, avec une grande lettre pleine de remercie-

mens, de reproches, d'explications, de tendresses
et surtout de regrets de ne pouvoir plus vous dire
ni vous écrire sans réserve tout ce que je pense,
réduit à ce demi-silence par la paresse de ma main,
devenue incurable à force d'être invétérée, par la
foiblesse de ma poitrine, qui ne me permet presque
plus que d'être écouteur dans les entretiens où je
prends le plus de plaisir, et enfin par la nature des
temps où nous vivons et qui ont tant de faces qu'il
est impossible de les voir sous le même aspect si on
n'est pas précisément placé dans le même point de
perspective, ni d'en parler diversement sans se diviser
si l'un des deux prend, comme vous, aux hommes qui
y jouent un rôle un intérêt que l'autre ne partage
pas. Enfin, je voulois encore une fois vous montrer à
découvert et sans nuages ce cœur où vous avez régné
et cette âme toujours la même où les souvenirs
agréables sont empreints pour l'éternité. Mais, je l'ai
éprouvé et je l'ai dit plus d'une fois, *il faut du temps
pour être sincère* : c'est-à-dire pour savoir exprimer
au juste tout ce qu'on pense et tout ce qu'on sent.
Je renonce donc à la grande lettre, réservant pour
des temps meilleurs, s'il en arrive, tout ce qu'elle
eût pu contenir; et je hâte l'envoi d'un livre qui, je
l'espère, vous causera quelque plaisir.

J'espère aussi que vous n'aurez pas eu le temps
d'en connoître l'existence, ni d'en avoir la possession
par quelque autre voie que ce soit. S'il en étoit
autrement, j'en serois désolé. Mais, en ce cas, je
garderois pour moi cet exemplaire et je vous cher-

cherois quelque autre étrenne. Je devance le 1er janvier 1821 pour vous présenter celle-ci, de peur qu'on ne me gagne de vitesse. J'attacherois un grand prix à placer le premier ce gros volume dans votre bibliothèque.

C'est un fatras délicieux, une énorme meule de foin, où l'on trouve des fleurs exquises ; enfin un livre indispensable au bonheur de ceux qui, comme vous et moi, aiment éperduement La Fontaine et son siècle et n'en veulent rien ignorer.

Agréez mon présent, mes bonnes intentions, mon inaltérable constance, et dites-moi quel est le jour de la semaine prochaine où vous pourriez m'accorder une demi-heure d'audience, si les oppressions où je vis me permettent de respirer.

XXVI

27 décembre 1820.

Quel plaisir vous m'avez fait de n'avoir pas ce La Fontaine ! Je vais attacher votre almanach à ma cheminée et vous pouvez être assurée qu'il ne contient pas un seul quantième où il ne m'arrive de me souvenir de vous.

XXVII

24 mars 1821.

Daignez me venir voir lundi. Je serai seul depuis midi jusqu'à 4 heures; et cette complaisance, que j'ai le front de solliciter hardiment, mettra le comble à ma reconnoissance et à vos bontés.

Votre lettre a été pour moi un véritable bienfait. Elle m'a ému, attendri, consolé. Car c'est un adoucissement, pour la véritable douleur, de n'avoir pas besoin de parler et de se montrer pour être bien comprise.

Vous qui connoissez et qui démêlez si bien tous mes sentimens, dites-vous ceux que j'ai pour vous.

XXVIII

22 juillet 1821.

Est-il possible que je me sois fait méconnoître ou que vous ayez pu vous méprendre à un tel point ? Je vous jure, avec toute la sincérité que je vous dois et dont, pour rien au monde, je ne voudrois me départir en aucun temps, surtout à pareille heure et en un tel jour, je vous jure, dis-je, par vous, par moi, par Sainte Madelaine et par les tubéreuses, les plus chers de mes souvenirs, je vous jure sur ma conscience et par toute mon amitié, par toute ma véracité, par toutes mes fidélités, que je ne vous ai fait aucune visite où j'aie goûté auprès de vous tant de douceur, tant de repos, que dans celle dont vous avez été presque tentée de vous plaindre. Vous avez pris ma confiance et mon abandon pour de la langueur de sentiment et mon recueillement pour un nuage. J'arrivois souffrant (car toutes mes foiblesses sont devenues douloureuses) : je m'assis, je me calmai, je vous fis parler, je vous écoutai. Je sortis presque restauré et je me dis, au fond de ma voiture, en arrivant sur le boulevard : S'il m'étoit possible de quitter tous les jours mon lit à pareille heure, de courir par un pareil temps et de trouver au milieu de ma course un tel plaisir, assurément je vivrois mieux et plus longtemps.

Maintenant, soyez franc, ouvert, transparent, et montrez-vous tel que vous êtes, pour avoir *l'air géné, embarrassé, mal à l'aise* aux yeux de ceux qui peuvent le mieux vous connoître et qui savent le mieux juger ! Je vois avec douleur qu'il vient un temps où l'on ne ressemble plus à ce qu'on est et où, pour être apprécié, il vaut mieux employer la mémoire de nos amis que notre présence. Souvenez-vous donc de ce que j'ai été pour vous ; et croyez que je serai toujours le même, en dépit de mes dehors.

J'entends plus difficilement ce qu'on me dit, je dis moins volontiers ce que je pense, parce que le parler m'ennuie quand je suis de sang-froid et me fatigue quand je m'échauffe. Je n'en pouvois plus, en arrivant auprès de vous, et je mis ma poitrine à l'aise par mon silence. Vous remplites ce vide par la plus agréable conversation. Je sortis content, ranimé, et ranimé si bien que j'eus la force de faire, en vous quittant, deux visites de bienséance dont la seule idée m'auroit fait frémir le matin.

J'allois vous écrire, au moment où j'ai reçu votre lettre. Elle m'a fait un grand plaisir, quoiqu'elle ait fort étonné ma paisible sécurité. J'étois loin de penser que vous me demanderiez une explication ; mais j'avoue pourtant que je suis flatté de l'injuste sollicitude que je vous ai causée si innocemment. On n'a point cette susceptibilité pour les gens que l'on n'aime plus. Non seulement je vous pardonne Garat, mais je vous dirai quelque bien de son livre. La lecture en est un peu fatigante, à mon gré, mais point du tout ennuyeuse. Cet homme peint faux, mais il est peintre. Il y a même de la vérité dans ses peintures les plus fausses parce que, s'il ne peint pas les objets dont il parle tels qu'ils sont, il les peint du moins tel qu'il les voit : et cette sorte de vérité fait toujours quelque plaisir. Enfin, s'il est fou et archi-fou, il est homme d'esprit et bon homme, mais bon homme à un excès digne d'observation et qui m'a beaucoup occupé.

Voilà une lettre bien ennuyeuse : c'est le sort de toutes les apologies : et vous m'avez mis dans la nécessité de faire la mienne.

J'aurois été plus gai, plus leste et plus court si, comme je l'espérois, je n'avois eu à vous entretenir que

de cette excellente année de 1801, qui a joué dans
ma vie un si beau rôle et dont vous m'avez rendu le
souvenir éternellement précieux. Croyez-le bien et à
jamais.

XXIX

30 août 1821.

Je ne puis aujourd'huy vous parler d'aucune autre
douleur que de la vôtre ; j'y prends une part bien
sincère, je vous assure, et par des motifs indépendants
de votre propre affliction.

J'avois vu chez vous une fois ce modèle touchant
de la plus haute patience, cette image de la bonté,
qui se peignit si doucement dans ma mémoire et qui
n'en sortira jamais. Je penserai toujours à Madame de
Laborde, quand je voudrai me faire une vive idée de
l'inaltérable égalité d'humeur et d'âme que peuvent
donner la raison et la vertu.

Mon frère, que les affaires de son beau-père ont
appelé et retenu forcément depuis six semaines à
Villeneuve, doit arriver à la fin de cette semaine. Ses
travaux judiciaires n'ont point été interrompus par
cet éloignement indispensable ; il avoit emporté tous
ses dossiers et n'a fait que changer de cabinet. Je lui
ai fait rappeler Madame de Montmorency ; et sûrement

il n'aura rien omis de ce qui lui aura été possible pour vous donner satisfaction.

Les manuscrits de Fontanes sont enterrés dans une espèce de coffre-fort où il n'est permis à personne de les voir. On ne s'en occupera qu'après les autres intérêts.

Je n'ai eu aucune occasion de lire le discours de Villemain, que je crois bon. Celui de Roger m'a plu, surtout la première partie. Je ne m'attendois ni à mieux, ni même à aussi bien.

Notre départ approche et les préparatifs en seroient achevés, sans les occupations que nous donne le pauvre Frisell, toujours inconsolable et qui ne nous quitte pas. Sa fille est charmante et entre demain au couvent de la Visitation, très digne de l'éducation qu'on y reçoit et impatiemment attendue par ces excellentes religieuses.

Donnez-moi encore une fois de vos nouvelles, je vous en conjure. Vos deux dernières lettres m'ont fait un plaisir particulier. Il y avoit là un accent du cœur très marqué et qui a fortement ému le mien. Mais que disiez-vous que je vous ai fait des reproches ? Je ne l'ai ni osé ni voulu.

Quoi que vous fassiez, je penserai toujours que vous avez raison, même quand j'aurai l'air de gronder : j'en ai perdu l'habitude depuis longtemps ; et quelquefois je le regrette.

A vous, depuis près de vingt ans et pour jamais.

XXX

Paris, 31 décembre 1821.

Me voilà, comme tous les ans à pareil jour, récapitulant l'année qui finit et toutes celles de ma vie et trouvant au bout du compte qu'un des plus heureux jours de ma vie est celui où je vous ai vue pour la première fois, et mes plus heureuses années celles où j'ai pu vous voir presque tous les jours.

Mon inconsolable regret est de ne vous avoir pas connue vingt ans plus tôt.

Je ne sais quand je pourrai aller vous voir. Je demande et je prends du répit pour vos étrennes. Je n'ai pu rien voir ni penser à aucun livre depuis que je suis arrivé.

Vous avez fait une grande perte, celle de Madame de Rémusat. J'ai pensé aux consolations que j'avois reçues de vous dans une occasion à peu près pareille. Mais je n'ai pas osé vous donner les miennes. Il me sembloit que, dans l'état où j'étois, il m'étoit peu convenable d'agir et de parler comme ceux qui ont une place entière et décidée parmi les vivans.

Je vais mieux. Je m'empresserai d'aller vous renouveler de vive voix mes vœux accoutumés de bonne année dès que je pourrai sortir un peu hardiment. Vous serez certainement ma première visite.

Arrivé le 30 novembre, vous m'auriez vu certainement dans les huit premiers jours de décembre, si j'avois pu garder jusque là le peu de santé que j'apportois et que j'ai perdu deux jours après. C'étoit, en débarquant, mon projet et mon espérance. Les brouillards et les vents en ont disposé autrement.

Croyez du moins que rien ne peut changer ni altérer le moins du monde mon juste et tendre attachement.

XXXI

1er mai 1822.

C'est le mois où je suis né et le mois où je vous ai connue, il y a vingt ans. Je vous vis le 1er, je vous revis le 6 et, depuis,

Je crois toujours vous voir pour la première fois. Venez donc, venez souvent, venez quand il vous plaira, depuis midi et demi jusqu'à deux heures et demie. Venez sans me prévenir, ou en me prévenant, à votre choix : venez à temps et à contretemps. En quelque temps et à quelque heure que ce soit, vous n'arriverez jamais sans avoir été désirée.

P. S. — Tout le reste vous sera dit dans nos entrevues.

XXXII

13 juillet 1822.

Vous deviez revenir et je ne vous ai point revue ;
mais vous avez été retenue ou détournée par des
soins, des devoirs et des douleurs si respectables que
je n'ai pas murmuré.

Je voulois aller vous voir, commencer par vous les
deux ou trois visites dont j'avois le projet, quand
elles me seroient permises par le retour d'un peu de
force, vous offrir enfin les prémices d'une convales-
cence que l'on me faisoit espérer. Cet espoir n'a été
qu'un rêve. Mes essais de mouvement n'ont abouti
qu'à quelques promenades qui m'ont nui. Il a fallu
reprendre le repos et la réclusion et attendre de meilleurs temps.

Impatienté de ces contrariétés et ne pouvant plus
me passer de vous, j'ai envoyé savoir où vous étiez,
dans l'intention de vous prier de venir adoucir ma
captivité. On a répondu à votre porte que vous par-
tiez le lendemain de ce jour-là, à cinq heures du
matin, et qu'ainsi il falloit déjà vous considérer
comme absente.

Je vais m'éloigner aussi. Je pars demain et je ne
puis plus espérer de vous revoir que cet hiver. Je vais
essayer d'un autre air et d'une autre vie. Adieu donc
et conservez-moi, je vous en conjure, un peu de cette
amitié dont l'idée et les témoignages me sont si précieux et que si peu de gens conservent pour ceux qui

leur deviennent inutiles et qui ne peuvent plus les aimer que de loin et dans le silence.

Voici le plus joli petit Horace qui existe dans le monde entier. Rien n'est si lisible ni si peu volumineux. Vous pourrez le porter toujours avec vous et le lire où il vous plaira. Je suis ravi de pouvoir vous l'offrir. Ce sera, si vous le voulez bien, mes étrennes de cette année et mes tubéreuses pour le 22 juillet qui approche et dont je me souviendrai à Villeneuve.

J'ai substitué ce livret à celui dont je vous avois parlé et qui n'auroit pas pu avoir pour vous le même mérite.

Portez-vous toujours bien, femme aimable, femme excellente, vous en qui la santé couronne tous les dons du ciel et en permet le libre usage. Pour moi, je ne suis plus qu'une âme, un souffle, un cœur qui vit de souvenirs; et le vôtre fait mes délices.

XXXIII

22 juillet 1822.

J'attends M' Frisell, qu'on me dit de retour, pour avoir de vos nouvelles. J'apprendrai de lui avec joie que vous vous portez bien, que vous vous amusez, que vous animez tout par votre aimable esprit, par votre heureuse humeur, par votre parfaite raison, par votre présence riante, dans le lieu que vous habitez. Vous étiez plus jeune, il y a vingt ans, lorsque je marchois à vos côtés et que vous donniez le bras à Chateaubriand, à pareil jour, à pareille heure, en parcourant certaine allée que je vois presque de mon lit et où, à mon très grand regret, je ne puis pas aller célébrer cet anniversaire ; mais vous n'étiez pas plus aimable. Votre présence et votre souvenir font également mes délices. Continuez à vous faire adorer et aimez-moi toujours un peu. Les tubéreuses ne sont pas encore en fleur cette année. J'avois pris toutes les précautions possibles pour en avoir à mon réveil ; mais on n'a pas pu en trouver. J'ai souscrit pour les premières qui paroîtront.

4 heures. — Ce Mr Frisell ne me vient point. Il est apparemment à quelque club ou à la Bourse. Quelles vilaines occupations il se fait là ! Puisque je ne puis pas même savoir positivement où vous êtes, j'adresse ma lettre à Paris. Il ne sera pas dit que le jour de Ste Madelaine s'achèvera sans une missive de moi à vous, puisque je ne vous ai point écrit la veille. Je ne vous parle ici que de mon souvenir ; mais, dans ce souvenir, que de choses !

J'ai vu ces jours-ci *feu* Chênedollé, qui ne s'est informé que de vous, qui ne m'a parlé que de notre ancien bon temps, qui ne s'occupe comme moi que de ce qu'il a connu d'aimable et de ce qu'on peut lire de bon. Ce que c'est que de survenir à propos ! Je l'ai trouvé un homme incomparable.

Si vous avez autour de vous Mr Julien, dites-lui
que je ne l'ai pas oublié. Celui-là aussi est fidèle à
nos souvenirs. Adieu, adieu.

XXXIV

16 août 1823.

Il y a des choses bonnes à savoir et meilleures à
ignorer; mais, quand on les sait, le mieux est de les
savoir parfaitement. Telle est cette querelle du quiétisme dont vous et moi et tant d'autres avons été plus
ou moins occupés, dans le noble loisir où nos oisive-
tés nous laissent. Un homme a traité ce sujet avec
plus de soin et d'exactitude qu'on ne l'avoit encore
fait. J'ai parcouru son livre : il y a du vrai et du nouveau ; du vrai qu'il me sembloit avoir seul connu
jusqu'à présent et du nouveau qui m'a appris que je
n'avois pas tout su. Vous êtes curieuse, éclairée et véritablement amie de la justice : cela pourra vous intéresser.

J'ai donc fait donner ordre à Le Normant de vous
envoyer ce livre par la poste à Dieppe, où j'espère
que vous l'aurez déjà reçu. Ce sont vos étrennes au
mois d'août ; et, pour le moins, vous ne vous plain-
drez pas de l'exiguïté de leur dimension. Elle est
presque immense comme la mer où vous baignez
votre parente. Ce sera pour la circonstance un mérite
de proportion.

Au surplus, il y a bien là du fatras, comme dans tous les gros livres. L'auteur ne sait pas en faire de minces. C'est un abbé Guillon, de la bibliothèque Mazarine, qui a écrit l'histoire du siège de Lyon, il y a vingt ans, et un nécrologe des martyrs de la révolution, il y a deux ans. Il est diffus ; mais il est laborieux, instruit et il cherche la vérité, m'a-t-on dit, avec une infatigable obstination. Mr de Féletz, qui, par parenthèse (j'aime fort les parenthèses et je voudrois les remettre en honneur), s'est chargé de faire partir le volume, doit en rendre compte incessamment dans les *Débats* : je vous exhorte à lire son article : je crois qu'il sera excellent.

Je vous adresse cet avertissement à Paris. J'ai supposé pour le livre que la poste sauroit vous découvrir à Dieppe, sans autre désignation que votre nom. En tout cas, ma dernière précaution remédiera à tout : en recevant le billet, vous pourrez réclamer le volume, s'il ne vous a pas été remis.

Nous nous sommes écrit le 22 juillet ; mais je n'ai reçu votre lettre qu'à cinq ou six jours de date. J'espère que la mienne aura été plus diligente.

Je désire que vous reveniez à Paris, ferrée à glace par l'abbé Guillon et toute prête à instruire les ignorants et à faire taire les entêtés. Mais je désire aussi que, lorsque vous aurez terminé avec l'abbé Guillon, en dépit de sa glace et de son mâchefer, car il en a, vous reveniez bien vite, afin que je puisse du moins m'imaginer que vous n'êtes pas loin de moi. *Efra tanto* je baise vos aimables mains.

NOTES

NOTES

Préface.

Les documents relatifs à Mme de Vintimille et à son mari proviennent, pour la plupart, des Archives Nationales : F⁷ 5638, F⁷ 6116, T 183, etc.

Les carnets et les papiers de Joubert appartiennent à M. Paul du Chayla. Les lettres de Mme de Vintimille à Mme de Pastoret se trouvent dans un recueil autographe dont je dois la communication à l'obligeance de M. Edouard Champion. Deux lettres de Joubert à Mme de Pastoret ont été publiées par M. Victor Giraud dans la *Revue des deux Mondes*. La lettre de Joubert à Mme de La Briche appartient à M. le baron de Barante : la correspondance de Mme de Vintimille et de Guéneau de Mussy à Mme de Tugny, née Guéneau de Mussy ; la lettre de Joubert à Molé où il raconte le voyage de Sannois vient des archives de la famille de Noailles. La lettre d'Elzéar de Sabran à Mme de Staël m'a été communiquée par M. le comte d'Hassonville.

Mme de Vintimille s'appelait Louise-Joséphine Angélique. La Harpe l'a célébrée sous le nom de Louise. Cependant une lettre d'elle à Guéneau de Mussy indique qu'on lui souhaitait sa fête le 2 octobre, jour des Saints Anges gardiens ; et en 1822 elle se servait d'un cachet marqué A.L.V., qui donne à penser qu'on l'appelait habituellement Angélique.

Lettre I.

Publiée par P. de Raynal dans son édition de la correspondance Joubert en 1842.

Chateaubriand et Molé, s'ils n'étaient pas brouillés, peu s'en fallait, depuis un article qu'avait publié Chateaubriand vers la fin de la précédente année dans le *Mercure*, au sujet du livre de Molé.

Au mois de juillet 1806, Mme de Vintimille était à Méréville comme le prouve une lettre d'elle à Mme Pastoret : Joubert était à Paris rue Saint-Honoré. Chateaubriand, sur le point de partir pour son grand voyage de Terre Sainte, habitait alors l'attique de l'hôtel Coislin, place Louis XV.

Lettre II

Publiée

J.-G.-Zimmermann, médecin suisse, 1728-1795. L'ouvrage dont parle Joubert est *La solitude considérée relativement à l'esprit et au cœur*, trad. de l'allemand par J.-B. Mercier, Paris 1788 ; ou bien un fragment de cet ouvrage, *Des avantages et des inconvénients de la solitude pour l'esprit et pour le cœur*, même traduction et même année.

Le roman de Mme Cottin en 1806 est *Elisabeth ou les exilés de Sibérie*. Mme de Vintimille écrit à Mme Pastoret le 28 juillet 1806 : « Vous aurez lu Elisabeth et vous en aurez été charmée. Je le connaissais déjà et il m'a plu encore davantage. Je ne sais ce qu'on en dit en général : pour moi, je n'ai pas de critique contre un ouvrage qui ne se laisse lire d'un bout à l'autre qu'à travers les larmes, surtout quand je pense que les miennes ne sont pas sujettes à arriver dans mes yeux. »

Lettre III

Publiée par Paul de Raynal. Mais il l'a datée du 10 août. C'est une erreur. La lettre de Chateaubriand à Bertin a paru dans le *Mercure* du samedi 16 août 1806.

Le 26 août, Joubert écrit à Mme de La Briche : « Mme de Chateaubriand, qui m'avoit écrit avant hier qu'elle arrivoit à Lyon et qu'elle y attendroit notre retour à Villeneuve, vient d'arriver tout à coup à Paris. On me l'apprend en ce moment et je dois tout quitter pour elle. Annoncez, je vous prie, Madame, cette nouvelle à Mme de Vintimille afin qu'elle ait le plaisir d'apprendre à point nommé le dernier terme d'un voyage dont elle a connu tous les progrès et les commencemens. »

Lettre IV

Publiée. Il s'agit de l'acquisition de la Vallée aux Loups. Voir les *Cahiers de Mme de Chateaubriand*, page 39 et page 44.

Mme de Vintimille a quitté la rue Cerutti pour aller demeurer rue d'Anjou, avec Mme de Fezensac, chez Mme de Lalive leur mère.

Le « président » est évidemment Fontanes, président du Corps législatif depuis 1804.

Lettre V

Publiée, mais imparfaitement. Je rétablis le texte d'après l'original conservé, parmi les papiers de Joubert, dans les archives de M. Paul du Chayla. Il y a beaucoup de ratures. Peut-être est-ce un brouillon. Ou bien est-ce une lettre qui n'a pas été envoyée ? De la main de Joubert, sur la marge, en haut à gauche : « Mme de Vintimille, à Paris. » Au lieu de « une mine longue et posée », Joubert avait d'abord écrit « une mine douce et posée ».

Lettre VI

Publiée, mais imparfaitement. Je rétablis le texte d'après l'original qui appartient aux archives de Mme de Séguier. Suscription : « A Madame de Vintimille, rue d'Anjou Saint-Honoré N° 17. »

Lettre VII

Publiée.

Lettres VIII

Publiée, mais datée par erreur de 1813.

Lettre IX

Inédite. — Je n'en ai pas trouvé l'original, mais une copie que Paul de Raynal avait fait faire. Et, sur cette copie, il avait, de sa main, pratiqué diverses corrections que je supprime.

A Courbevoie, c'est chez Fontanes. Voir la notice de Sainte-Beuve, en tête des *Œuvres de M. de Fontanes*, Paris 1839, tome Ier, page CII et suivantes.

Au deuxième paragraphe, la copie porte ″ d'un resserrement d'un cœur, de confiance ″.

Lettre X

Inédite. D'après une copie de la main de Paul de Raynal. Il ne l'a pas raturée, mais barrée d'un bout à l'autre ; il a tout de suite renoncé à la publier : il n'a pas dû la ″ corriger ″.

Joubert fut décoré le 17 octobre 1814. M. d'Eymar, qu'il souhaitait qui obtînt la même faveur et qui n'eut point cette chance, était recteur de l'Académie d'Aix ; Joubert avait fait connaissance avec lui lors de son inspection de 1810.

Le dernier livre de Chateaubriand, c'étaient les *Réflexions politiques sur quelques écrits du jour et sur les intérêts de tous les Français*. L'opinion que Joubert n'a pas écrite à son amie, du moins l'a-t-il notée dans ses carnets : ″ Cela est faible et beau. Faible parce qu'il l'a voulu ainsi, et beau parce que c'est lui qui l'a fait et qu'il y a mis son empreinte... Il s'est prescrit une contrainte qu'il a

trop gardée... „ Ce n'était pas lui, à vrai dire,
qui s'était prescrit cette contrainte ; mais l'abbé
de Montesquiou le faisait surveiller par Royer Collard
et le roi corrigeait les épreuves. Joubert, à Villeneuve, ne le sait pas et, sans le savoir, s'aperçoit que
l'écrivain n'a pas toute sa désinvolture. Chateaubriand,
depuis le retour du roi, remuait à bon escient.

Lettre XI

Inédite. C'est un fragment, ou plutôt ce sont
deux fragments : ils proviennent d'un feuillet où
Paul de Raynal avait copié quelques extraits.

Lettre XII

Inédite. Mêmes conditions que la lettre X.

Le livre de M. de Bausset est annoncé dans la
Bibliographie de la France du 3 décembre 1814 :
Histoire de J.-B. Bossuet, évêque de Meaux, par M. L.
Fr. de Bausset, ancien évêque d'Alais, 4 volumes
in-8°. Joubert en était enchanté : „ M. de Bausset,
disait-il, a retrouvé le fil perdu de la narration continue... En le lisant, on croit descendre un fleuve et
faire un voyage en bateau par un beau temps et dans
un beau pays. Le siècle qu'il traverse est montré à
droite et à gauche... ses citations sont dans le cours
de son récit comme des îles toutes pleines de monu-
ments... „

Lettre XIII

Inédite. D'après une copie.

Je ne sais pas ce qui avait fâché Joubert. Cependant, le 15 mai, Mme Joubert écrivait à l'un de leurs amis : « M. Joubert est un peu surpris de l'étonnement des amis du Marais de nous savoir ici. Il dit qu'on pouvait rester comme on pouvait quitter. Mais, dans les temps difficiles, il faut beaucoup d'indulgence. Nous sommes au reste fort aise d'avoir eu de leurs nouvelles, car nous les aimons beaucoup. » Il est possible que le Marais ait donné des conseils, n'ait pas vu suivre ses conseils, et là-dessus ait épilogué : les donneurs de conseils ont leur fatuité.

Lettre XIV.

Publiée.

Gabriel Paleota, cardinal et évêque de Sabine, 1524-1597. Il eut plus de trente voix au conclave qui se tint pour élire le successeur de Sixte-Quint. *De bono senectutis, auctore Gabriele Paleoto. Romæ M.D.XCV.*

Lettre XV.

Inédite. Mêmes conditions que la lettre X.

Lettre XVI.

Publiée.

Lettre XVII.

Publiée. — Mme de Staël avait épousé secrè-
tement en 1811 M. de Rocca, jeune et bel officier
de dix-huit ans plus jeune qu'elle.

Lettre XVIII.

Publiée.
Un petit Pétrarque. Voir, dans les *Archives de la
Société française des collectionneurs d'ex-libris* (8ᵉ année,
Paris 1901), *L'ex-libris de Mme de Vintimille*, par le
duc de Fezensac : « Ce Pétrarque... est en la possession de celui qui écrit ces lignes. Il porte, sur le
bas de la page du titre cette mention, de la main de
Joubert : *Restitué à Mme de Vintimille, 10 août samedi
1818, J. J.* L'exemplaire porte sur les plats de la
reliure un V deux fois répété et entouré de la corde-
lière de veuve. »

Lettre XIX.

Publiée.

Lettre XX.

Publiée.

La lettre de Boileau à Lamoignon a été publiée pour la première fois au tome IV, page III, de l'édition des *œuvres de Boileau Despréaux* par M. de Saint-Surin. Ce tome IV a paru en 1821 chez Blaise. Et Saint-Surin donne le fac-similé de la lettre. C'est évidemment ce fac-similé que Joubert offre à Mme de Vintimille deux ans avant la publication du tome IV, annoncé par la *Bibliographie de la France* le 29 juin 1821 : mais Joubert était lié avec les Saint-Surin, comme le prouvent diverses mentions des carnets de 1817. Saint-Surin avait fait reproduire la lettre dès 1819 et il en donna une reproduction à Joubert.

Les vers du « cruel souvenir » sont notés par Joubert dans ses carnets le 22 avril 1806.

Mme de Pastoret avait perdu en 1817 son fils Maurice âgé de dix-neuf ans.

Lettre XXI.

Inédite. Fragment. Comme la lettre XI.

Lettre XXII.

Inédite. Sur l'original (archives de Mme de Séguier). Suscription : « — A — Madame la vicomtesse de Vintimille — ruë d'Anjou, n° 42 — »

Je ne sais quel était ce livre. Sans doute Mme de Vintimille, le possédant déjà, rendit-elle à Joubert l'exemplaire qu'il lui avait destiné : ce serait l'explication du billet que Joubert écrit à son amie le 4 janvier 1820.

Lettre XXIII.

Inédite. C'est un billet ou c'est un fragment. Même origine que la lettre XI.

Lettre XXIV.

Publiée.

Ange François Fariau de Saint-Ange, professeur, académicien, 1747-1810. Ses traductions d'Ovide en vers ont paru dans les premières années du dix-neuvième siècle : les *Métamorphoses* en 1801, les *Fastes* en 1804, etc. Dans ses carnets, le 14 janvier 1807, Joubert appelle Saint-Ange « cet écrivain que distingua tant de talent et de bêtise ! » Il le vante d'avoir dit « une belle chose » et puis s'écrie : « l'imbécile ! » Son fils, Ange Louis Fariau de Saint-Ange, né le 14 juillet 1788, entré à l'Ecole militaire en 1806 comme élève du gouvernement, servit en Italie, et puis en Espagne de 1808 à 1813. Lieutenant en 1810, capitaine en 1813. La légion que commande M. de Zœpfel était la légion de Saône-et-Loire. Dans l'annuaire de 1820, Saint-Ange figure en qualité de capitaine à cette légion. Mais, le 13 mai 1820, il avait été désigné pour la légion de l'Hérault ; et, sur les contrôles de cette légion qui devint le 20ᵉ de ligne, on lit : « A été réformé sans avoir rejoint. » (Archives administratives de la Guerre.) C'est que la démarche demandée par Fontanes et Joubert à Mme de Vintimille n'avait pas abouti. Le colonel de Zœpfel, neveu du duc de Feltre, Mme de Vintimille devait le connaître, son neveu le duc de Fezensac ayant épousé en 1808 Henriette Mathilde Clarke de Feltre.

Le livre que Joubert prête à Mme de Vintimille est celui-ci : *Mémoires de M. de Coulanges, suivis de lettres inédites de Mme de Sévigné, etc., publiés par M. de Monmerqué*, in-8", Paris 1820. M. du Plessis a été le gouverneur, non de Charles de Sévigné, mais du marquis de Grignan. Je crois que Joubert se trompe en disant que ce livre n'est pas encore en vente le 27 mars ; car il est annoncé dans la *Bibliographie de la France* du 11 mars 1820.

Lettre XXV.

Publiée. Le gros volume que Joubert offre à Mme de Vintimille pour ses étrennes de 1821 est : *Nouvelles œuvres diverses de J. La Fontaine et Poésies de Maucroix*, etc., par C.-A Walckenaer, in-8°, Paris. Cet ouvrage est annoncé dans la *Bibliographie de la France* du 11 novembre 1820. Joubert appelait La Fontaine « notre véritable Homère ». Il savourait « le nectar et l'ambroisie » de La Fontaine.

Lettre XXVI.

Inédite. Fragment ou billet. Comme la lettre XI.

Lettre XXVII.

Inédite. Sur une copie, comme la lettre **X**. La douleur dont parle Joubert est celle qu'il éprouve pour la mort de Fontanes.

Lettre XXVIII.

Publiée. Le livre dont parle Joubert a paru en 1820 deux fois : au mois d'avril, *Mémoire historique sur la vie de M. Suard, sur ses écrits et sur le dix-huitième siècle*: quelques mois plus tard, *Mémoire historique sur le dix-huitième siècle et sur M. Suard*, par Dominique Joseph Garat, 2 volumes in-8".

Lettre XXIX.

Publiée. Il s'agit de la mort de Rosalie de Nettine, marquise de Laborde, née le 10 septembre 1737, mariée le 9 septembre 1760 à Jean-Joseph de Laborde et morte à Paris le 25 juillet 1821.

Lettre XXX.

Inédite. Même origine que la lettre X.
Mme de Rémusat, née de Vergennes, mariée en 1796 à seize ans et qui mourut au mois de décembre 1821, était grande amie de Mme de Vintimille.

Lettre XXXI.

Publiée.

Lettre XXXII.

Id. Au mois de septembre, Mme de Vintimille était
à Boisboudran, près de Nangis, dans la Brie. Elle
avait emporté le petit Horace, don de Joubert : et
elle le lisait. Gueneau de Mussy, le 27 septembre, lui
écrit : « Vos journées ont été pleines, studieuses,
uniformes. Horace en a occupé la meilleur partie...
Ce n'est point un fâcheux à la campagne. »

Lettre XXXIII.

Publiée. Dans l'édition de 1842, la lettre est datée
du 22 juillet 1822 ; et de même dans l'édition de
1850. Mais, dans l'édition de 1862 et dans les suivantes, il y a 1823. La première date semble être la
vraie, car Joubert parle de la promenade des Tuileries
en disant « il y a vingt ans ».

Lettre XXXIV.

Publiée.
L'abbé Aimé Guillon, né à Lyon en 1758, l'un
des conservateurs de la bibliothèque Mazarine : *His-*

toire générale de l'Eglise pendant le dix-huitième siècle, etc., tome 1ᵉʳ, in-8ᵒ. L'ouvrage devait avoir six volumes : mais Quérard dit que les opinions gallicanes de l'auteur déplurent au clergé et que l'éditeur arrêta l'impression. L'article de Féletz (signé A) parut en « Variété » dans les *Débats* du 17 septembre 1823 : ouvrage fait « avec beaucoup de conscience, avec un vif désir de découvrir la vérité et de la manifester et avec d'incroyables recherches pour y parvenir ». L'abbé Guillon avait publié en 1797 une *Histoire du siège de Lyon* ; et, en 1821, *les Martyrs de la foi pendant la Révolution française,* etc. Mme de Vintimille ne goûta guère le gros livre de l'abbé Guillon. Elle en écrivit à Gueneau de Mussy : « Je suis fâchée de n'avoir pas écrit la première sur le tome de M. Joubert, car j'aurois dit comme vous. Vous croyez bien que votre opinion va corroborer la mienne. Il m'a peut-être seulement trouvée plus préparée que vous à adopter son opinion sur le manque de f (je n'ose pas écrire le mot) par respect de Fénelon dans l'affaire du quiétisme. Je le pensais depuis longtemps, mais je ne sais aucun gré à l'abbé G. d'avoir mis cette révélation au grand jour. Je n'en vois pas l'avantage et, malgré les longs raisonnements de sa préface, j'aime mieux le proverbe *que toutes les vérités ne sont pas bonnes à dire* ; il me paraît d'un meilleur esprit. »

TABLE DES MATIÈRES

ACHEVÉ D'IMPRIMER.

le premier octobre MCMXXI

par DEVAMBEZ

www.ingramcontent.com/pod-product-compliance
Ingram Content Group UK Ltd.
Pitfield, Milton Keynes, MK11 3LW, UK
UKHW021625170726
13836UKWH00005B/2043